미국의 문화

미국을 이해하기 위한
다양한 문화 키워드

미국 ⑦

세계통찰

BLACK FRIDAY

★ 세계의 중심이 된 미국 1 ★

미국의 문화

미국을 이해하기 위한
다양한 문화 키워드

한솔교육연구모임 지음

솔과나무

1장   전세계인이 마시는 문화, **코카콜라**   • 021

코카잎과 콜라 열매로 만든 '맛있는 음료' | 겨울에도 콜라를 즐기게 만든 마케팅의 힘 | 전쟁과 코카콜라 | 톡 쏘는 맛의 비밀을 지켜라 | 녹아가는 빙하 위에서 콜라를 마시는 북극곰 | 코카콜라의 변신과 흔들리는 콜라 제국

2장   자유의 상징을 입다, **청바지**   • 049

무법천지의 서부 개척 시대 | 천막용 천에서 탄생한 청바지 | 미국 문화를 입는 세계의 젊은이들 | 아랄해와 인도 목화 농민들의 비극 | 청바지 한 장을 만들 때 치러야 하는 사회적 비용 | 패스트패션과 초저가 청바지의 등장

왜 미국을
읽어야 할까요?

〈세계통찰〉 시리즈는 다양한 독자에게 세계를 통찰하는 지식과 교양을 전해 주고자 합니다. 미국을 시작으로 중국, 일본, 중남미, 유럽, 아시아, 아프리카 등 오대양 육대주의 주요 국가들에 관한 정치, 경제, 역사, 문화 등 다양한 정보를 제공하여 세상이 움직이는 원리를 독자 스스로 알게끔 하고자 합니다.

지구상에 있는 국가들은 별개가 아니라 서로 연결된 유기체입니다. 여러 나라 가운데 〈세계통찰〉 시리즈에서 미국 편 전 16권을 먼저 출간하는 이유는 유기적인 세계에서 미국이 지닌 특별한 지위 때문입니다. 19세기까지 세계를 호령하던 대영제국의 패권을 이어받은 미국은 20세기 이후 오늘날까지 세계 유일의 초강대국으로 세계를 이끌고 있습니다. 또한 세계 최강의 경제력을 기반으로 자유 시장을 중시하는 자본주의 이념을 전 세계에 전파했습니다. 우리나라를 포함하여 많은 나라가 세계 최대 시장인 미국과 한 무역을 통해 가난을 딛고 경제 성장을 이룰 수 있었습니다. 애플이나 구글 같은 미국 기업이 새로운 산업을 일으키면서 미국은 물론, 전 세계에 수많은 일자리와 자본력을 제공했습니다.

　이처럼 전 세계에 커다란 영향을 미치고 있는 미국이라는 나라를 알기 위해 '미국의 대통령'을 시작으로 한 '미국을 만든 사람들' 편을 소개합니다. 대통령제를 기반으로 한 미국식 민주주의는 전 세계로 전파되면서 수많은 국가에 영향을 미치고 있습니다. 제2차 세계대전 이후 독립한 국가 대부분이 대통령제를 선택하면서 대통령제는 미국을 넘어 많은 국가의 정치 체제로 자리 잡았습니다. 도전 정신과 혁신을 바탕으로 미국 경제를 세계 최강으로 만든 '기업인들' 역시 우리에게 많은 교훈을 줍니다. 세계인의 감성과 지성을 자극하고 있는 '예술인과 지식인'도 이야기의 대상입니다. '사회 문화' 편에서는 미국의 문화를 통해 미국만이 가진 특성을 살펴봅니다. 창의와 자유를 존중하는 사회 분위기는 할리우드 영화, 청바지, 콜라 등 미국만의 문화를 탄생시켰고 이는 전 세계로 확산되어 지구촌의 문화로 자리 잡았습니다. 이제 미국의 문화는 미국인만 누리는 것이 아니라 세계인이 공유하는 것이 되었습니다. '산업' 편에서는 정보 통신, 우주 항공, 에너지, 유통 등 미국의 주력 산업을 통해 오늘날 미국이 세계 경제를 주무르고 있는 비결과 미래에도 미국이 변함없이 강력한 영향력을 행사할 수 있는 이유에 대해 알아봅니다.

　'전쟁' 편에서는 미국이 참전한 전쟁을 통해 전쟁이 미국은 물론 세계에 미친 영향에 대해 살펴봅니다. 미국은 전쟁으로 독립을 쟁취했을 뿐만 아니라 세계를 움직이는 새로운 질서를 만들어 냈습니다. 다시 말해 전쟁은 미국이 세계를 뜻대로 움직이는 도구였습니다.

이처럼 미국의 정치, 경제, 문화 등 각 분야는 20세기 이후 지구촌에 막대한 영향을 미치고 있기에 미국에 관한 지식이 없으면 세계를 제대로 이해할 수 없습니다. 미국을 제대로 알게 된다면 세상이 돌아가는 힘의 원리를 더 잘 알 수 있습니다. 〈세계통찰〉 시리즈 미국 편은 '미국을 만든 사람들' 전 6권, '세계의 중심이 된 미국(문화와 산업)' 전 6권, '전쟁으로 일어선 미국' 전 4권으로 이루어져 있습니다. 이렇게 총 16권의 인물, 사회·문화, 산업, 전쟁 등 주요 분야를 다루면서 단편적인 지식의 나열이 아니라 미국의 진면목, 나아가 세계의 흐름을 알 수 있도록 했습니다. 적지 않은 분량이지만 정치, 경제, 문화사에 남을 인물과 역사에 기록될 사건을 중심으로 다양한 예화와 사례를 들어 가면서 쉽고 재미있게 썼습니다. 처음부터 끝까지 차분히 읽다 보면 누구나 미국과 세계의 과거와 현재, 미래를 명확하게 들여다볼 수 있는 통찰력을 지닐 수 있습니다.

세계를 한눈에 꿰뚫어 보는 〈세계통찰〉 시리즈! 길고도 흥미진진한 이 여행에서 처음 만나게 될 나라는 미국입니다. 두근거리는 마음으로 함께 출발해 봅시다!

한솔 (한솔교육연구모임 대표)

세상의 변화를 읽고
앞을 내다보는 힘

　미래학자 엘빈 토플러는 "한국 학생들은 하루 10시간 이상을 학교와 학원에서 자신들이 살아갈 미래에 필요하지 않을 지식을 배우고, 존재하지 않을 직업을 위해 아까운 시간을 허비하고 있다."라고 했습니다. 그렇다면 우리는 무엇을 배우고 생각해야 할까요? 수년 안에 지구촌은 큰 위기를 맞이할 가능성이 큽니다. 위기는 역사적으로 늘 존재했지만, 앞으로 닥칠 상황은 미국과 중국의 패권 전쟁의 상황에서 과거와는 차원이 다른 큰 변화가 일어날 것입니다. 2018년 기준 중국은 미국의 66% 수준의 경제력을 보입니다. 구매력 기준 GDP는 중국이 이미 2014년 1위에 올라섰습니다. 세계 최강의 지위를 위협받은 미국은 트럼프 집권 이후 중국에 무역 전쟁이란 이름으로 공격을 시작했습니다. 미국과 중국의 무역 전쟁은 단순히 무역 문제로만은 볼 수 없는 정치, 사회, 경제, 문화가 엮여 있는 총체적 전쟁입니다. 미국과 중국의 앞날을 예측하기 위해서는 경제 분야 외에 정치, 사회, 문화 등을 통합적으로 볼 수 있어야 합니다. 역사는 리듬에 따라 움직입니다. 현재와 비슷한 문제가 과거에 어떤 식으로 일어났는지를 알면 미래를 읽는 통찰력이 생깁니다. 지나온 역사를 통해 세상의 변화를 읽고 앞을 내다보는 힘을 길러야 합니다. 역사를 통해서 남이 보지 못하는 곳을 보고, 다른 사람과 다르게 생각하는 힘을 길러야 합니다.

〈세계통찰〉은 이러한 필요에 따라 세계 주요 국가의 역사, 경제, 사회, 문화 등 다양한 주제를 통해 세계를 이해하는 안목을 심어 주고자 쓰인 책입니다. 솔과나무 출판사는 오대양 육대주에 걸쳐 있는 중요한 나라를 대부분 다루자는 계획 아래 먼저 미국과 중국에 대한 책을 출간합니다. 이는 오늘날 미국과 중국이 정치, 경제, 문화 등 모든 분야를 선도하며 전 세계에 막대한 영향을 미치고 있는 초강대국이기 때문입니다. 〈세계통찰〉 시리즈는 미국과 중국 세계 양 강 대결의 상황에서 미·중 전쟁의 미래를 예측할 수 있는 훌륭한 나침반이 될 수 있습니다.

특히 미국은 정치, 경제, 문화 등 어느 분야로 보아도 세계인의 관심을 가장 많이 받는 나라입니다. 〈세계통찰〉 시리즈 '미국'은 정치, 경제, 사회, 문화 모든 분야에 걸쳐서 시간과 공간을 넘나들며 현재의 미국을 이해할 수 있게 만든 획기적인 시리즈입니다. 인물, 산업, 문화, 전쟁 등의 키워드로 살펴보면서 미국의 역사와 문화, 각국과의 상호 관계를 파악할 수 있는 지식과 읽을거리를 제공합니다. 인물과 사건을 중심으로 이야기를 이어가고 그 과정에서 우리가 오늘날 세상을 살아갈 때 활용할 수 있는 지혜를 담고 있습니다. 단순히 사실 나열에 그치지 않고, 왜 그렇게 되었는지, 그 뒤에는 어떻게 되었는지, 과정과 흐름 속에서 숨은 의미를 찾아냄으로써 유연하고 창의적인 생각을 할 수 있도록 자극합니다. 무엇보다 〈세계통찰〉 시리즈에는 많은 이들의 실패와 성공의 경험이 담겨 있습니다. 앞서 걸은 이들의 발자취를 통해서만 우리는 세상을 보는 통찰력을 키울 수 있다는 사실을 기억했으면 합니다. 미국을 자세히 들여다보면 지구촌 사람들의 모습을 다 알 수 있다고도 합니다. 세계를 이끌어가는 미국을 이해한다는 것은 단순히 한 나라를 아는 것이 아니라 세계를 이해하는 것이기 때문에 〈세계통찰〉 시리즈 미국 편을 통해 모두가 미국에 대해 입체적이고 통합적으로 살펴볼 수 있는 기회를 얻기 바랍니다.

곽석희(청운대학교 융합경영학부 교수)

〈세계통찰〉 시리즈에 부쳐

4차 산업 혁명 시대를 맞이하는 청소년에게 꼭 필요한 지혜

4차 산업 혁명 시대에는 나라 사이의 언어적, 지리적 장벽이 허물어집니다. 견고한 벽이 무너지는 대신 개인과 개인을 잇는 촘촘한 연결망이 더욱 진화합니다. 이제 우리는 다양한 문화 배경을 지닌 친구와 이전과는 완전히 다른 방법으로 우정을 나눌 수 있습니다. 낯선 언어는 더는 장애가 되지 않습니다. 스마트폰의 번역 프로그램을 이용하면 내가 한 말을 실시간으로 전달할 수 있고 상대방의 말뜻을 이해할 수도 있습니다. 또 초고속 무선 통신망을 이용해 교류하는 동안 지식이 풍부해져서 앞으로 내가 나아갈 길을 설계하는 데 큰 도움이 됩니다.

저는 오랫동안 현장에서 청소년을 만나며 교육의 방향성을 고민해 왔습니다. 초 단위로 변하는 세상을 바라보면 속도에 대한 가르침을 줘야 할 것 같고, 구글 등 인터넷상에 넘쳐 나는 정보를 보면 그것에 대한 양적인 교육이 필요할 것 같았습니다. 긴 고민 끝에 저는 시대가 변해도 퇴색하지 않는 보편적 가치와 철학을 청소년에게 심어 줘야겠다는 결론을 내렸습니다.

4차 산업 혁명 시대에는 인공 지능과 인간이 공존합니다. 최첨단 과학이 일상이 되는 세상에서 75억 지구인이 조화롭게 살아가려면 인간 중심의 교육이 필요합니다. 인문학적 지식과 소양을 통해 인간을 더욱 이해하고 이롭게 만드는 시각을 갖춰야 합니다. 〈세계통찰〉 시리즈는 미래를 이끌어 나갈 청소년을 위한 지식뿐 아니라 그 지식을 응용하여 삶에 적용하는 지혜까지 제공하는 지식 정보 교양서입니다.

청소년이 이 책을 반드시 접해야 하는 이유

첫째, 사고의 틀을 확대해 주는 책입니다.

〈세계통찰〉 시리즈는 정치, 경제, 사회, 문화, 무역, 외교, 전쟁, 인물에 이르기까지 하나의 국가가 국가로서 존재하고 영유하는 모든 것을 다루고 있습니다. 한 국가를 이야기할 때 경제나 사회의 영역을 충분히 이해했다 해도 '이 나라는 이런 나라다.' 하고 한마디로 정의하기는 어렵습니다. 인물이나 역사적 사건과 같은 눈에 보이는 사실과 이념, 사고, 철학과 같은 눈에 보이지 않는 특성까지 좀 더 유기적이고 종합적인 사고를 해야 한 나라를 이해하고 정의할 수 있습니다. 이 책을 통해 합리적이고 논리적으로 사고하는 습관을 자연스럽게

기를 수 있습니다.

둘째, 글로벌 리더를 위한 최적의 교양서입니다.

4차 산업 혁명 시대라 하더라도 모든 나라가 해체되는 것은 아닙니다. 세계화 속도가 점점 가속화되는 글로벌 시대에 꼭 필요한 소양은 역설적이게도 각 나라에 대한 수준 높은 정보입니다. 일반적으로 알려진 상식의 폭을 확대할 수 있어야 합니다. 미국과 중국의 무역 분쟁이나 우리나라와 일본의 갈등에서도 볼 수 있듯 세계 곳곳에는 국가 사이의 특수한 사정과 역사로 인해 각종 사건과 사고가 터져 나오고 있습니다. 한 국가의 성장과 번영은 자국의 힘과 노력만으로는 가능하지 않습니다. 가깝고 먼 나라와의 유기적인 관계 속에서 평화를 지키고 때로는 힘을 겨루면서 이루어집니다. 한편 G1, G2라 불리는 경제 대국, 유럽 연합EU이나 아세안ASEAN 같은 정부 단위 협력 기구 사이에 일어나는 상호 이해관계도 중요해지고 있습니다. 〈세계통찰〉 시리즈는 미국, 중국, 일본, 아세안, 유럽 연합, 중남미 등 지구촌 모든 대륙과 주요 국가를 공부하는 데 반드시 필요한 영역을 씨실과 날실로 엮어서 구성하고 있습니다.

마지막으로 〈세계통찰〉 시리즈는 글쓰기, 토론, 자기 주도 학습, 공동 학습에 최적화된 가이드 북입니다.

저는 30년 이상 교육 현장에 있으면서 토론, 그중에서도 대립 토론debating 수업을 강조해 왔습니다. 학생 스스로 자료를 찾고 분류하며 자신만의 생각을 정리하고 발표하는 방식입니다. 이때 다른 사람의 생각을 경청하고 공감하는 학생일수록 주도적이고도 창의적인 인재로 성장하는 것을 보았습니다. 〈세계통찰〉 시리즈가 보여 주는 형식과 내용은 학생과 교사 모두에게 긍정적인 영향을 줄 것이라고 확신합니다.

가까운 미래에 글로벌 리더로서 우뚝 설 우리 청소년에게 힘찬 응원의 메시지를 보냅니다.

박보영(교육학 박사, 박보영 토론학교 교장, 한국대립토론협회 부회장)

─ ─ **1장** ─ ─

전세계인이 마시는 문화,

코카콜라

코카잎과 콜라 열매로 만든 '맛있는 음료'

전 세계인이 오케이O.K 다음으로 가장 많이 알고 있는 단어는 코카콜라Coca-Cola입니다. 북한을 제외한다면 세계 어느 곳에서라도 미국식 자본주의 문화의 상징인 코카콜라를 맛볼 수 있습니다. 코카콜라가 없는 식료품점은 이제 상상할 수조차 없게 되었죠. 코카콜라의 시작은 19세기 말로 거슬러 올라갑니다.

이상하게 들리겠지만 미국 남부 애틀랜타의 존 펨버튼John Pemberton이 살던 시대에는 약사가 약을 만들어 판매하는 일이 합법적인 행위

코카콜라를 개발한 약제사
존 펨버튼

였습니다. 물론 지금 우리가 사는 대한민국에서는 그런 일이 허용되지 않지만요. 펨버튼은 만병통치약을 만들어 큰돈을 벌고 싶었습니다. 개인적으로 경제 상황이 좋지 못했던 시기이기도 했죠. 이런저런 재료를 섞어 약을 만드는 실험에 몰두하던 그는 드디어 1886년 콜라나무에 있는 카페인이 사람의 기분을 좋게 한다는 사실을 알아냈습니다. 콜라나무는 원산지가 서부 아프리카로, 높이가 10m 넘는 큰 나무입니다. 펨버튼은 콜라나무 열매에서 추출한 성분에 남미에서 자생하는 코카 나뭇잎 추출액을 섞었습니다. 그러자 톡 쏘면서도 상큼한, 이전에 경험할 수 없었던 맛이 탄생했습니다.

코카나무의 잎은 수천 년 전부터 남미 원주민들이 힘든 노동을 할 때 즐겨 씹던 것으로, 피로를 잊게 해주고 기분을 좋게 만들어 주는 물질이 함유되어 있습니다. 오늘날 대표적인 마약으로 악명을 떨치는 코카인도 코카잎 추출물로 만든 것이지요. 물론 펨버튼이 활동하던 당시에는 코카잎이 합법적인 원료였습니다. 그는 콜라나무 열매와 코카잎에서 얻어낸 추출물에 설탕을 넣고 탄산을 주입해 톡 쏘는 맛의 음료를 완성했습니다.

그런데 처음부터 이 음료가 코카콜라라는 이름으로 팔린 것은 아니었습니다. 펨버튼은 자신이 개발한 이 놀라운 음료에 그저 '맛있는 음료수'라는 이름을 붙였습니다. 그리고 자신의 약국에서 5센트에 팔기 시작했습니다.

당시 미국의 약사들은 자신만의 비법으로 각종 음료를 만들어 팔

고 있었는데, 펨버튼의 '맛있는 음료수'는 제대로 홍보가 되지 않아 판매가 시원치 않았습니

다. 그는 그때그때 상황에 따라 '소화를 도와주는 음료, 머리가 시원해지는 약, 기분을 좋게 하는 음료' 등 만병통치약이라도 되는 것처럼 소개했습니다. 그러자 손님들은 점차 펨버튼을 신뢰하지 않게 되었습니다. '맛있는 음료수'에 '코카콜라'라는 이름을 붙여 준 사람은 약국의 경리 직원 프랭크 로빈슨Frank Robinson이었습니다. '코카콜라Coca-Cola'라는 이름을 지었을 뿐만 아니라 두 개의 대문자 'C'를 멋들어지게 흘려 쓴 스펜서체의 코카콜라 브랜드 로고까지 만들었지요. 코카콜라를 만든 펨버튼은 아쉽게도 돈을 벌지 못하고 1888년 세상을 떠났습니다.

코카콜라가 지금처럼 많은 사람들의 사랑을 받게 된 데에는 아사 캔들러Asa Candler의 공이 큽니다. 1892년, 캔들러는 2,300달러를 들여 코카콜라 소유권을 확보하고는 코카콜라 컴퍼니The Coca-Cola Company를 설립했습니다. 뛰어난 사업감각을 가진 그는 코카콜라만의 '톡 쏘는 맛'에 주목했지요. 그 어떤 음료

코카콜라를 인기 상품으로 만든 아사 캔들러

도 흉내 낼 수 없는 독특한 맛, 그 한 가지의 가능성을 믿고 대대적인 제품 홍보에 나섰습니다. 그는 길거리에서 무료 시음회를 끊임없이 열어 사람들이 일단 코카콜라 맛을 알 수 있도록 했습니다. 또한 코카콜라 로고가 새겨진 달력, 시계, 노트 등 다양한 기념품을 배포했습니다. 그의 적극적인 홍보 행사 덕분에 코카콜라는 점차 많은 사람에게 알려졌고, 무료 시음을 경험한 사람들의 구매량도 지속적으로 늘어났습니다.

사실 코카콜라가 최초의 탄산음료는 아닙니다. 미국에는 코카콜라가 등장하기 50년 전부터 탄산음료가 존재했고, 코카콜라는 수많은 탄산음료 중 하나에 지나지 않았습니다. 하지만 다른 어떤 탄산음료도 코카콜라가 주는 '톡 쏘는 맛'을 내지는 못했습니다. 코카콜라는 입안에서 강렬하면서도 달콤한 느낌을 주지만, 마신 후 입안에 아무런 맛도 남지 않는 개운함까지 더해 폭발적인 사랑을 받기 시작했습니다.

겨울에도 콜라를 즐기게 만든 마케팅의 힘

캔들러는 '아무리 좋은 제품도 사람들이 알지 못하면 팔리지 않는다.'는 신념으로 이 놀라운 음료를 홍보하는 일에 사활을 걸었습니다. 그런데 이러한 노력의 뒷면에는 의외의 복병이 도사리고 있었습니다. 코카콜라가 적극적인 광고 덕분에 폭발적인 인기를 끌어 큰돈을 벌게 되자, 곧바로 펩시콜라 등 수많은 경쟁상품이 시장에 쏟아져 나오게 된 것이죠. 이에 코카콜라는 위기를 맞게 되었습니다.

유사 상품들은 코카콜라와 거의 비슷한 상표를 사용하고 똑같은 병에 담겨 있어 웬만한 사람들은 구별조차 할 수 없었습니다. 유사품과 모조품이 퍼지기 시작하자 캔들러는 획기적인 대책을 내놓아야 했습니다. 그는 코카콜라 브랜드를 유사품과 차별화하기 위해서는 콜라를 담는 병부터 차별화되어야 한다고 여겨 공모를 통해 독창적인 디자인을 찾아 나섰습니다.

1915년, 캔들러는 상금을 내걸고 '병 디자인 공모전'을 열었습니다. 그가 원한 병 모양은 '유사품과 확실하게 구분되며, 어두운 곳에서도 쉽게 형체를 알 수 있는' 것이었습니다. 공모전에 당선된 사람은 유리 공장의 디자이너 알렉산더 새뮤얼슨Alexander Samuelson이었습니다. 그는 배가 불룩하고 세로 선이 있는 카카오 열매에서 영감을 얻어 독특한 코카콜라 병을 완성했습니다. 코카콜라는 경쟁업체가 모방하지 못하도록 그들만의 색다른 병 모양을 특허청에 상표 등록했습니다.

톡 쏘는 맛의 코카콜라는 독특한 모양의 병에 담겨 타사제품과 차별

독특한 모습의 코카콜라 병

화되었고 점차 독보적인 존재가 되어 갔습니다. 코카콜라 병은 1940년대 후반 미국인의 99%에게 알려졌을 정도로 미국 소비자의 머릿속에 깊이 각인되었습니다. 1950년 세계적인 시사 주간지 〈타임〉은 소비재 중 처음으로 코카콜라를 표지모델로 등장시키며 미국식 자본주의의 상징으로 코카콜라를 소개했습니다.

오늘날 우리가 알고 있는 산타클로스의 이미지도 코카콜라 광고마케팅의 결과물입니다. 코카콜라는 제품 특성상 여름철에 가장 잘 팔리고, 찬바람이 불면 판매량이 줄어들기 시작해 겨울철이 되면 가장 저조합니다. 겨울철 판매량을 늘리기 위해 궁리하던 회사는 1931년 산타클로스를 광고에 등장시켰습니다.

코카콜라 광고에 등장한 산타클로스

성탄절 전야에 어린이의 양말에 선물을 넣어 두고 간다는 산타클로스 이야기는 오래전부터 유럽 각국에 전해져 내려왔지만, 생김새나 기념하는 날짜는 나라마다 달랐습니다. 더구나 꼬마 요정, 싸움꾼, 난쟁이 등 천차만별의 이미지로 상상되었기에 외모조차 하나로 특정할 수 없는 상태였습니다.

산타클로스가 넉넉한 풍채에 수북한 흰 수염을 기르고 빨간 옷을 입게 된 배경에는 코카콜라 광고가 있었습니다. 친근한 할아버지 이미지로 거듭난 '코카콜라의 산타'는 코카콜라의 영향력 확대와 함께 '세계인의 산타'가 되었습니다. 이처럼 광고로 인해 만들어진 산타클로스는 광고마케팅의 힘이 얼마나 큰지를 보여주는 전형적인 사례입니다.

전쟁과 코카콜라

아사 캔들러는 2,300달러에 사들였던 코카콜라를 1919년 무려 2,500만 달러에 팔아 1만 배가 넘는 시세차익을 거두어들였습니다. 그는 동네 조그만 약국에서 팔던 '맛있는 음료' 코카콜라를 미국 음료 시장의 꼭대기에 올려놓은 사람입니다. 또한 손에 쥔 막대한 현금으로 자선사업을 벌여 사람들의 머릿속에 선한 사람으로 기억되고 있습니다.

코카콜라의 세 번째 주인이 된 로버트 우드러프Robert Woodruff는 애국

격전지에서 코카콜라를
즐기는 미군

심이 투철한 인물이었습니다. 1941년 12월, 미국은 일본의 진주만 기습을 계기로 제2차 세계대전에 뛰어들었습니다. 1943년에는 무려 6천 500만 명의 민간인이 군인으로 복무하거나 방위산업에 종사하며 전쟁에 참여했지요. 수백만 명의 미국 청년이 자유민주주의를 지키기 위해 유럽, 아프리카, 아시아 등 세계 각지에서 피를 흘렸습니다.

미국 정부는 해외파병 군인들의 사기를 진작시키기 위해 코카콜라를 군 보급품 목록에 포함하고자 했습니다. 우드러프는 정부의 제안을 흔쾌히 받아들여 해외에 있는 모든 미군에게 코카콜라를 공급하기로 약속했습니다. 그뿐 아니라 미군 장병에게 코카콜라를 제때 공급하기 위해 전쟁터 한복판에 과감히 생산 공장을 지었습니다. 전쟁터에 세워진 코카콜라 공장은 언제라도 적군의 폭격을 당할 수 있는 상황이었지만, 그는 모든 위험을 감수하고 공장을 세웠습니다.

미군의 군수품이 된
코카콜라

　미군이 가는 곳마다 코카콜라 생산 공장도 세워졌습니다. 덕분에 전쟁터의 미군들은 격렬한 전투를 치르고 난 후 시원한 콜라를 마시며 기분전환을 했습니다. 총탄이 빗발치는 격전지에서도 코카콜라 트럭은 배달을 멈추지 않았습니다. 전쟁터의 미군들에게 50억 병이나 공급된 코카콜라는 단순한 음료가 아니라 전쟁을 함께 치르는 동료로 받아들여졌습니다. 게다가 현지 주민에게도 저렴한 가격에 판매되어 자연스럽게 해외 진출 효과가 발생했습니다.

　제2차 세계대전 기간 중 유럽, 아프리카, 남태평양 등 64곳에 세워진 코카콜라 현지 공장은 전쟁이 끝난 후에도 계속 운영되면서 매출 증대에 큰 역할을 했습니다. 미국의 참전 용사들은 종전 후에도 코카콜라의 고객이 되었습니다. 전쟁 중에 그들의 전우와 다름없었던 코카콜라는 오늘날에도 미국인들이 미국의 상징으로 여기며 유난히 애

미국인에게 생활의 한 부분이 된 코카콜라

착을 갖는 대상입니다.

반면 미국을 혐오하는 반미국가에서 코카콜라는 '미 제국주의의
대표적 상품'으로 취급받습니다. 일부 이슬람 국가나 북한은 코카콜
라를 미국과 동일시하며 배척하고 대신 자국 브랜드의 콜라를 생산
하고 있습니다. 팔레스타인의 '스타 콜라', 북한의 '코코아 탄산단물'
은 모두 반미주의를 상징하는 제품입니다.

일부 국가에서는 코카콜라를 금기시하지만, 코카콜라는 200여개
국에 달하는 나라에서 사랑받고 있습니다. 이는 유엔 회원국보다 많
은 숫자입니다. 1초당 4만 병, 하루 30억 병 이상 팔린다고 하니 정말
어마어마하죠? 지금까지 생산된 콜라병을 연결하면 250ml 기준으로

지구와 달 사이를 2,000번 이상 왕복할 수 있을 정도라고 합니다. 이처럼 코카콜라가 세계 사람들에게 널리 알려져 있다 보니 브랜드의 가치만 해도 600억 달러가 넘습니다.

톡 쏘는 맛의 비밀을 지켜라

기업이 독보적인 기술을 지키는 방법은 크게 두 가지로 나눌 수 있습니다. 첫째는 특허를 취득하는 것입니다. 특허란 특정한 발명, 기술 고안, 의장 고안 등을 세상에 공개하고 일정 기간 독점 사용권을 갖는 제도를 말합니다. 보통 20년을 보호 기간으로 인정해 그 기간에 특허를 가진 사람은 경쟁자 없이 권리를 독점하게 됩니다. 만약 누군가 해당 특허를 침해할 경우 소송을 통해 권리를 구제받을 수 있기에

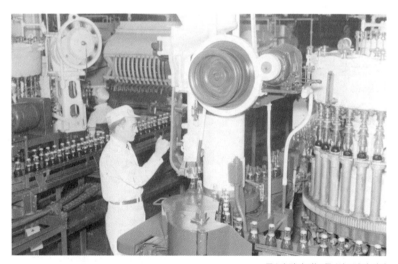

극소수만이 아는 톡 쏘는 맛의 비밀

가장 강력한 기술 보호 수단이 되지요. 하지만 특허권을 행사할 수 있는 기간이 20년밖에 되지 않는다는 약점을 가지고 있습니다.

특허 보호 기간이 끝나면 경쟁업체들은 얼마든지 똑같은 제품을 만들 수 있게 됩니다. 제조 과정과 기술이 이미 공개되어 있기 때문이지요. 경쟁업체는 기술개발 비용이 전혀 들지 않기 때문에 더 싼 값에 제품을 생산할 수 있어 시장에서 유리한 고지를 차지하게 됩니다. 그러므로 최초로 기술을 개발한 기업은 특허 보호 기간 안에 최대한 비싼 값으로 제품을 판매해서 개발비용을 뽑아내고 수익을 올리려 합니다. 그 대표적인 분야가 제약업계입니다.

거대 제약업체들은 혁신적인 신약을 개발하기 위해 해마다 천문학적인 돈과 시간을 쏟아붓고 있습니다. 하나의 신약이 개발되기 위해서는 수천 명의 연구원이 적어도 10년 이상 매달려야 합니다. 신약개발을 위해 막대한 비용과 시간을 들여가며 노력한다 해도 성공하리라는 보장은 없습니다. 실제로 신약개발의 성공 확률은 100분의 1에도 미치지 못합니다. 해마다 수십억 달러씩 개발비용을 투자하는 제약업체로서는 특허권이 보호되는 20년 동안 최대한 비싼 가격에 신약을 판매할 수밖에 없습니다. 연구 개발에 실패한 비용까지도 모두 회수해야 하기 때문입니다.

기술을 지키는 두 번째 방법은 아예 기술 자체를 공개하지 않고 비밀로 유지하는 것입니다. 이 경우 비밀이 유지될 수만 있다면 계속해서 독점할 수 있지만, 기술이 유출되면 그 순간 모든 것이 끝납니다.

특허와는 달리 아무런 법적 보호도 받을 수 없기 때문입니다. 오늘날 대부분의 기업들은 기술에 관한 비밀을 지켜내기가 거의 불가능한 현실을 감안하여, 특허를 통해 기술을 보호받고자 합니다.

특이하게도 코카콜라는 1886년 펨버튼이 '톡 쏘는 맛'을 개발한 이후 무려 130년이 넘도록 맛의 비밀이 지켜지고 있습니다. 회사는 맛의 비결을 공개하지 않고 블랙박스화하여 회사 금고 속에 보관하고 있습니다. 코카콜라의 제조비법은 10만 명이 넘는 임직원 중 극소수만 알고 있고, 한 번도 외부로 유출된 적이 없습니다. 과학기술이 발달하면서 성분 분석기를 통해 코카콜라에 어떤 성분이 포함되어 있는지 알아내는 일은 가능해졌지만, 이러한 최신 기계도 맛의 비결만은 찾아내지 못합니다.

오렌지, 레몬, 콜라 열매 추출물, 구연산, 육두구, 설탕, 캐러멜, 코카 잎 추출물 등의 코카콜라 재료는 세상에 알려졌지만 정작 톡 쏘는 맛을 내는 물질은 알 수 없습니다. 회사 내에서도 그 물질에 대한 구체적인 이름 대신 물품 번호 '7X'로 부르며 특별 관리를 하고 있습니다.

2014년에 대만은 식품관리법을 개정하면서 모든 식품에 대해 원료 및 성분의 종류, 첨가물 함량까지 빠짐없이 구체적으로 표기하도록 했습니다. 관련법을 따르지 않을 경우 더는 제품을 팔 수 없도록 했지요. 코카콜라는 128년 동안 비밀로 해 온 특유의 톡 쏘는 맛의 비결이 강제로 공개될 처지에 놓이자 기술유출 방지를 위해 과감히 대만 시장을 포기하려고 했습니다. 만약 코카콜라가 대만 시장에서 철수한다면 대만의 국가 이미지가 실추되는 것은 시간문제였습니다. 대만은 다국적 기업에 간섭이 심한 나라라는 불명예를 뒤집어쓰지 않기 위해 예외규정을 만들어서 떠나려는 코카콜라를 붙잡았습니다. 결국 대만 정부와 코카콜라의 대결은 코카콜라의 승리로 막을 내렸답니다. 전문가들은 코카콜라가 '7X'의 성분을 공개하더라도 그와 똑같은 맛을 내기란 사실상 불가능하다고 말합니다. 제품 성분을 모두 알더라도 섞는 순서와 방법을 정확히 알아야만 코카콜라 특유의 톡 쏘는 맛을 낼 수 있기 때문입니다.

녹아가는 빙하 위에서 콜라를 마시는 북극곰

코카콜라의 맛은 세계 어디나 비슷합니다. 나라마다 수질과 물맛이 다른데도 한결같은 맛을 내는 비결은 무엇일까요? 그것은 바로 엄격한 기준에 따라 깨끗하게 만든 동일한 품질의 물을 원료로 각국에 퍼져 있는 모든 생산 공장들이 콜라를 제조하기 때문입니다. 코카콜라는 최첨단 기술로 정수된 현지의 물에 미국 본사에서 제조한 원액과 탄산을 섞어 만들어집니다.

1993년 코카콜라는 '환경을 생각하는 기업'이라는 이미지를 얻기 위해 북극곰을 광고에 등장시켰습니다. 지구온난화로 빙하가 녹아내려 생존에 위협을 받는 북극곰을 보호하자는 의도로 만든 이 광고는 대성공이었습니다. 사람들은 코카콜라를 마시고 있는 귀여운 북극곰을 보면서 환경보호의 필요성에 공감했습니다.

하지만 얼마 뒤 코카콜라는 인도에서 소송에 휘말리며 환경보호 이미지에 큰 타격을 입게 되었습니다. 1999년 인도 남부 지역 케랄라 주에 코카콜라가 음료 제조공장을 세우자, 인근 마을의 우물이 전부 마르고 주변 야자수들은 죽어가는 일이 벌어졌습니다. 울창하던 나무가 사라지면서 자연환경이 황폐해지고 급속한 사막화가 진행되었습니다. 마을 주민들은 콜라 1리터를 만들기 위해 지하수를 200리터 이상 사용해 왔기 때문에 우물들이 말라 버린 것이라 주장했습니다.

회사는 오염된 지하수를 깨끗한 생수로 만들기 위해 6번이나 정수해야 했고, 콜라를 담는 병을 씻는 데도 많은 물을 사용했습니다. 주민과 환경단체는 코카콜라 공장에서 매일 150만 리터의 지하수를 뽑아 쓴다고 주장한 반면, 회사는 주정부가 허용한 하루 50만 리터에도

인도에서 물 부족 논란을 일으킨 코카콜라

미치지 못하는 30만 리터만을 사용했다고 주장하며 억울함을 표시했습니다.

결국 코카콜라의 책임을 묻는 소송이 무려 6년 동안이나 계속되었습니다. 주민들은 법정에서 "지하수는 지역 내 모든 사람이 공유하는 재산이므로 설령 코카콜라 공장 밑을 흐르는 지하수라도 무분별하게 사용하면 안 된다."라고 주장했습니다. 하지만 2005년, 인도 법원은 "코카콜라가 물 부족 현상을 유발한 명확한 증거가 없다."라며 회사의 손을 들어 주었습니다. 결국 재판은 유능한 변호사를 총동원한 코카콜라의 승리로 끝났지만 후폭풍이 만만치 않았습니다.

유럽과 미국의 대학생들이 코카콜라 불매운동을 벌이면서 그동안 쌓아 온 좋은 평판을 한순간에 잃게 될 위기에 처했습니다. 환경 운

환경오염을 유발하는
1회용 페트병

동가들은 코카콜라가 수자원 고갈의 주범일 뿐 아니라, 페트병을 사용하여 또 다른 환경파괴를 일으키고 있다고 주장했습니다. 병은 깨끗이 씻으면 계속 사용할 수 있지만, 페트병은 재활용이 쉽지 않아 환경오염의 주범이 되기 때문입니다. 물론 코카콜라만 페트병을 사용하는 것은 아니지만 세계 최대 음료 회사라는 이유로 여론의 집중포화를 맞았습니다.

이 사건을 계기로 코카콜라는 환경보호단체에 거액을 후원하며 친환경 제품개발을 위해 노력하기 시작했습니다. 콜라 제조 과정에서 사용하는 물의 양을 대폭 줄이고, 공장에서 사용한 물은 정화해서 가뭄에 대비하거나 농번기에 농업용수로 공급하고 있습니다. 페트병을 재활용하는 기술개발에도 투자를 아끼지 않아 100% 재활용이 가능한 혁신적 친환경 용기 개발에 성공했습니다.

코카콜라의 변신과 흔들리는 콜라 제국

코카콜라가 등장한 이후 수많은 도전자가 있었습니다. 대부분 반짝 인기를 끌다 사라졌지만, 펩시콜라의 경우는 100년이 넘도록 코카콜라와 경쟁하고 있습니다. 펩시콜라는 코카콜라보다 맛이 떨어진다는 악평에 시달리고 있었지만 자사 제품이 더 낫다고 생각해 적극적인 홍보에 나섰습니다. 그러나 처음에는 별다른 성과를 올리지 못했습니다. 소비자의 뿌리 깊은 고정관념 때문에 펩시콜라는 코카콜라의 아류 제품으로 취급을 받았습니다.

1975년, 펩시콜라가 혁신적인 마케팅을 동원해 코카콜라를 궁지에 몰아넣는 사건이 있었습니다. 소비자의 눈을 가리고 콜라 맛을 보게 한 뒤, 더 맛있는 제품을 고르게 하는 블라인드 테스트를 전 세계에서 대대적으로 실시한 것입니다. 그 결과 놀랍게도 펩시콜라가 맛있다는 사람이 더 많았습니다. 블라인드 테스트 결과를 광고에 활용한 펩시콜라는 판매량을 늘리며 시장점유율을 높여 나갔습니다.

펩시콜라가 시장점유율을 점차 높여가는 데 대해 특별한 대책을 내놓아야 했던 코카콜라는 신제품 개발을 선언했습니다. 그리고 2년간 400만 달러의 연구비를 투자해 1985년 '뉴코크New Coke'라는 신제품을 개발했습니다. 지난 100년 동안 코카콜라는 펨버튼이 개발한 비법 그대로 만들어 맛의 변화가 없었지만, 뉴코크는 이전 제품과 맛이 달랐습니다. 기존 제품보다 더 달고 톡 쏘는 맛이 줄어들어 부드러웠습니다.

코카콜라의 야심작 '뉴코크'

코카콜라 회사는 20만 명 이상의 소비자를 대상으로 기존 콜라와 뉴코크를 비교하는 블라인드 테스트를 진행했습니다. 그 결과 뉴코크의 맛이 좋다는 사람의 비율이 60%에 이르며 경영진을 들뜨게 했습니다. 이에 회사는 코카콜라 생산을 전면 중단하고, 새로운 맛의 신제품만 시장에 내놓았답니다. 그러나 결과는 참패였습니다.

테스트 결과만 가지고서 원래부터 생산해 오던 오리지널 콜라의 생산을 중단할 것이 아니라, 뉴코크를 함께 판매해 소비자에게 선택의 폭을 넓혀 주는 전략을 구사해야 했던 것입니다.

뉴코크 제품은 처음 몇 주만 판매실적이 좋았을 뿐이었고, 이후에는 소비자의 항의가 계속되었습니다. 신제품 출시 78일 만에 40만 통 넘는 항의 전화와 편지가 빗발쳤습니다. 심지어 이전 맛으로 돌려놓지 않으면 경영진에 테러를 가하겠다는 협박까지 있었습니다. 일부 소비자는 회사를 상대로 집단소송을 제기하겠다는 위협을 가해, 결국 회사는 두 손을 들어야 했습니다.

뉴코크 출시 두 달 만에 오리지널 콜라는 '코카콜라 클래식'이라는 이름으로 다시 판매되기 시작했습니다. 얼마 후 뉴코크는 전면 생산이 중단되었습니다. 뉴코크가 맛은 더 좋았을지 모르나 소비자들에게는 진짜 코카콜라가 아니었던 것입니다. 코카콜라는 미국인들에게 있어 생활의 한 부분입니다. 어릴 적부터 마시기 시작한 코카콜라는 일생 미국인의 곁에 있습니다. 따라서 소비자들은 코카콜라의 맛이 바뀐 것에 대해 그 이상의 상징적 의미를 부여했습니다.

소비자들은 극소수 경영진 마음대로 오리지널 콜라의 맛을 바꾼 일을 두고 생활의 일부가 침해당했다고 생각했습니다. 미국 땅에서 코카콜라는 극소수 경영진이 마음대로 할 수 있는 상품이 아니라 미국 사람들의 공공재산이라는 성격이 강하기 때문입니다.

미국인의 전폭적인 사랑을 받아오던 코카콜라도 21세기에 들어서

펩시의 과일 음료 트로피카나(왼쪽)와 스포츠 음료 게토레이(오른쪽)

자 흔들리기 시작했습니다. 코카콜라를 뒤흔든 것은 경쟁업체가 아니라 소비자의 의식변화였습니다. 건강에 관심을 가지면서 몸에 좋지 않은 탄산음료를 멀리하기 시작했지요. 콜라 1리터에 들어있는 각설탕의 수는 무려 36개108그램에 달해 비만의 원인이 됩니다. 비만 자체에 특별한 증상이 있는 것은 아니지만 고혈압, 심혈관 질환 등 다양한 합병증을 유발할 수 있기 때문에 체중 관리는 현대인에게 중요한 과제가 되었습니다. 그 결과 소비자들은 과도한 설탕이 함유된 탄산음료 대신, 과일 주스나 스포츠 음료를 선택하기 시작했습니다.

소비자의 취향 변화에 먼저 대응한 것은 펩시콜라였습니다. 펩시콜라는 전체 사업에서 콜라가 차지하는 비중을 줄이기 위해 1998년 과일 음료 회사인 '트로피카나tropicana'를 인수했고, 이듬해에는 무탄산 스포츠 음료 '게토레이' 브랜드를 사들였습니다. 사업 다각화를 꾀하며 노력하던 펩시콜라는 2005년, 창립 이후 처음으로 시가총액에서 코카콜라를 앞서는 이변을 낳기도 했습니다.

코카콜라도 설탕 대신 인공감미료인 아스파탐을 사용하면서 변화를 꾀했으나, 한 번 등을 돌린 소비자는 되돌아오지 않았습니다. 이를 반영하듯 코카콜라의 브랜드 가치는 내림세를 면치 못하고 있습니다. 코카콜라는 2012년까지 기업 브랜드 가치 평가에서 줄곧 1위를 달렸으나, 2013년에는 전자회사 애플에 1위 자리를 내주어야 했습니다. 2019년에는 애플은 물론 구글, 아마존, 마이크로소프트에도 밀리면서 좀처럼 예전의 입지를 회복하지 못하고 있습니다.

코카콜라를
거부한 나라들

동독의 비타콜라

1945년 9월, 제2차 세계대전이 막을 내렸다. 전쟁 기간에 자유민주주의 진영을 대표하는 미국과 사회주의 진영을 대표하는 소련은 힘을 합쳐 공동의 적인 나치 독일과 일본에 맞서 싸웠다. 그러나 종전 후 두 나라는 세계를 움직이는 주도권을 두고 치열한 체제경쟁을 벌이게 되었다.

제2차 세계대전을 일으킨 주범인 나치 독일은 패전 후 동독과 서독으로 나뉘어 각각 소련과 미국의 영향권 아래 놓였다. 사회주의 국가로 탈

동독의 비타콜라

바꿈한 동독은 1958년부터 정부 주도로 자체 콜라를 개발하는 일에 나섰다. 미국식 자본주의의 상징인 코카콜라를 대체하기 위해서였다. 이후 탄생한 것이 바로 비타민을 넣어 만든 비타콜라였다. 비타콜라는 맛이 뛰어나 동독뿐만 아니라 수많은 사회주의 국가로 수출되었다.

동독은 사회주의 체제의 모순으로 인해 만성적으로 물품이 부족했다. 자동차를 사려면 적어도 10년 이상을 기다려야 했고 심지어 생필품인 칫솔조차 공급이 원활하지 않았다. 그러나 비타콜라는 100개가 넘는 공장에서 대량 생산되면서 동독 사람들의 갈증을 해소해 주었다. 그런데 1989년 동독과 서독 사이의 장벽이 무너지자 비타콜라는 설 자리를 잃게 되었고, 급기야 생산이 중단되고 말았다. 이 해에 독일이 통일되면서 동독 지역에도 코카콜라와 펩시콜라가 밀려들었기 때문이다.

분단 반세기 만에 독일이 통일되자 동독 사람들은 자신들도 서독처럼 경제적으로 풍요를 누리며 인간다운 생활을 할 수 있을 것이라 믿었다. 동독 시절 사회주의 독재정권은 체제 유지를 위해 국민을 철저히 감시했고 조금이라도 불순해 보이는 사람이 있으면 죄를 물어 감옥에 가둬서 국민은 제대로 숨 쉬고 살기가 어려웠다. 그러나 자본주의 국가 서독에 흡수 통일된 후에도 고난은 계속되었다. 일부 부유한 서독인은 가난한 동독 사람들을 2류 시민으로 취급하여 무시하기 일쑤였다. 또한 동독 지역에 있던 국영 기업들이 서독 기업과의 경쟁에서 밀려나 수많은 실업자가 발생했다.

자본주의 체제가 만만치 않음을 깨닫게 된 동독 사람들은 비록 잘 살지는 못했지만 경쟁의 고단함은 겪지 않아도 되었던 과거의 동독 시절을 그리워했다. 이 점을 간파한 동독 지역의 한 민간 기업이 1994년 비타콜라 생산을 재개하면서 부활에 성공했다. 비타콜라는 서독 지역에서는 힘을 발휘하지 못하지만 동독 지역에서는 펩시콜라를 누르고 코카콜라에 이어 시장점유율 2위 자리를 지키고 있다.

이란의 잠잠콜라

잠잠콜라의 상품명은 다음과 같은 전설에서 유래되었다. 성경에 따르면 아주 먼 옛날 중동 지역에 아브라함이라는 사람이 살았다. 자녀가 없던 아브라함은 신에게 집안의 대를 이을 아들을 달라고 기도를 올렸다. 신은 그의 기도에 응답해 아들을 주겠다고 약속했는데 아브라함의 아내인 사라가 늙을 때까지도 아이는 태어나지 않았다. 세월이 흘러 아브라함은 사라의 몸종이던 나이 어린 하갈과의 사이에서 아들 이스마엘을 낳았다.

이스마엘이 태어난 지 몇 년 뒤 사라도 아들 이삭을 낳았다. 사라와 이삭, 그리고 하갈과 이스마엘은 불행히도 잘 지내지 못했다. 갈등이 이어

이란의 잠잠콜라

지던 어느 날, 하갈과 이스마엘은 황량한 사막으로 내쳐지고 말았다. 모자는 물을 구하지 못해 극심한 갈증을 느꼈다. 이때 오늘날의 사우디아라비아 메카에서 잠잠Zamzam이라는 샘을 발견해 목숨을 구할 수 있었다. 이들 모자는 아랍인의 조상이 되었고, 사라와 이삭의 후손은 유대인의 조상이 되었다.

제2차 세계대전 이후 이란은 중동 지역의 대표적인 친미국가로서 코카콜라와 펩시콜라의 주 무대였다. 그러한 이란에서 한 음료 기업이 잠잠콜라를 만들어 이슬람 국가들로부터 꾸준한 인기를 얻고 있다. 이란 등의 국가에서 코카콜라 대신 잠잠콜라를 마시게 된 배경에는 미국과 얽힌 악연이 있다. 1979년, 이란에는 미국을 극도로 혐오하던 세력이 있었는데, 이들은 친미왕조를 무너뜨리고 이슬람교가 지배하는 종교 국가를 세웠다. 이에 미국의 콜라 회사들은 이란에서 쫓겨났고 그 자리를 잠잠콜라가 차지하게 되었다. 이후 미국의 콜라 회사들은 이란을 비롯해 다른 중동 국가에서도 힘을 잃게 되었다. 유대인이 코카콜라와 펩시콜라의 주인이라는 헛소문 때문이었다. 아랍인들은 미국의 콜라를 마시면 유대인을 돕는 결과가 된다고 생각하게 되었다. 근거 없는 유언비어 덕분에 잠잠콜라는 큰 노력을 들이지 않고서도 아랍권 내에서 탄탄한 위치를 차지하고 있다.

2장

자유의 상징을 입다,

청바지

무법천지의 서부 개척 시대

1848년 1월 캘리포니아 새크라멘토Sacramento의 한 개울에서 황금이 발견되면서 서부 개척사가 시작되었습니다. 당시 사금이 발견된 땅을 소유하고 있던 목재소 주인은 황금이 발견되었다는 사실을 끝까지 숨기고자 했습니다. 사람들이 구름떼처럼 몰려오면 그동안 누려온 삶의 평화가 깨질 것이라 우려해서였지요. 그러나 소문은 순식간에 퍼져 나가 인근 학교가 문을 닫는 사태가 벌어졌습니다. 교사와 학

서부로 이주해
사금을 채취하는 사람

생들 모두 학교에는 나가지 않고 황금을 캐러 갔기 때문이었습니다.

이듬해인 1849년, 세계 각지에서 사람들이 미국 서부로 몰려들었습니다. 당시에는 '몸을 구부리고 금을 줍는 일을 싫어하지 않는 인간이라면 누구나 억만장자가 될 수 있다.'라는 말이 크게 유행했습니다. 1849년 한 해에만 8만 5천 명 이상이 일확천금을 꿈꾸며 서부로 몰려들었지요.

이 시기에 서부로 몰려온 사람들을 '포티나이너스Forty-niners'라 부릅니다. 1849년에 왔다는 뜻이지요. 이주자가 폭증하다 보니 서부는 무법천지나 다름없었습니다. 치안을 담당하는 보안관 수는 턱없이 부족했고 법보다는 주먹이 모든 것을 해결해 주었습니다. 총잡이가 영웅으로 등장하는가 하면 갱단이 판을 치는 서부 영화는 당시 상황을

황금을 찾아 서부로 온 사람들

배경으로 만들어진 것입니다. 황량한 서부의 평야에서 악당, 카우보이, 보안관 등이 등장하여 대결하는 서부 영화는 대중적인 인기를 끌며 19세기 미국사회의 단면을 보여주었습니다.

한편 황금이 발견되기 전 1만 5천 명 밖에 살지 않았던 캘리포니아는 순식간에 인구 10만 명을 넘어서는 대도시로 성장했습니다. 1848년부터 1858년까지 10년 동안 캘리포니아에서 채굴된 금은 무려 5억 5천만 달러어치였는데, 이것은 미국을 제외한 전 세계의 채굴량보다 훨씬 많은 것이었습니다. 단기간에 인구가 늘어난 캘리포니아는 1850년에 정식 주로 승격되었습니다. 1869년, 동부와 서부를 잇는 철도가 개통되자 서부 개척의 속도는 더욱 빨라졌습니다.

서부 개척을 통해 미국은 태평양에서 대서양에 이르는 거대한 국가로 완성되었고, 본격적인 성장을 위한 기반을 마련했습니다. 이전에는 대서양 건너편의 유럽 몇 개국과 교류했지만 이제 범위를 넓혀 태평양 너머의 아시아 국가들과도 교류할 수 있게 되었습니다. 또 국내적으로도 동부와 서부 사이의 자원과 인력 이동이 활발해졌습니다. 새로 개척된 서부는 동부에 비해 정부의 규제나 기득권층의 횡포가 적었습니다. 따라서 훨씬 자유로운 분위기 속에서 자유분방한 문화를 탄생시킬 수 있었습니다. 오늘날에도 서부는 창의력이 우선시되고 존중되는 풍토를 가지고 있지요. 세계적인 영화산업의 중심지 할리우드나 첨단기술 연구단지인 실리콘밸리 등이 산업의 요람으로 자리매김하고 있는 것도 우연이 아닙니다.

천막용 천에서 탄생한 청바지

황금을 좇아 서부로 몰려든 모든 사람이 벼락부자가 될 수는 없었습니다. 금광에 투자해 가산을 탕진하거나 갱단에게 전 재산을 털리는 경우가 훨씬 많았습니다. 황금 매장량에는 한계가 있었지만 사람들은 여전히 부자가 되고 싶은 욕망을 포기하지 않았지요. 황금 그자체보다는 금을 캐러 온 사람에게 물건을 팔아 돈을 버는 쪽으로 눈길을 돌리는 경우도 많아졌습니다. 그 대표적인 사람이 청바지를 개발한 리바이 스트라우스Levi Strauss였습니다.

리바이 스트라우스는 1829년 독일 바이에른의 가난한 유대인 가정에서 태어났습니다. 18세에 미국 이민 길에 오른 그는 골드러시*가

한창이었던 1853년, 돈을 벌기 위해 캘리포니아로 이주했습니다. 그는 황금을 직접 캐는 것보다 황금을 캐는 사람들이 머무를 임시천막을 판매하는 것이 더 낫다고판단해 천막용 직물 장사를 시작했습니다.

당시 서부에 너무 많은 사람이한꺼번에 몰리다 보니 제대로 된

청바지를 개발한 리바이 스트라우스

---

* 19세기 미국 캘리포니아에서 금광이 발견되면서 사람들이 몰려든 현상.

집을 구하기가 하늘의 별 따기와 같았지요. 그들은 대부분 임시천막을 짓고 살았습니다. 공터마다 임시천막으로 넘쳐났기 때문에 리바이 스트라우스는 어려움 없이 큰돈을 벌 수 있을 것으로 생각했답니다. 하지만 금광의 광부를 상대로 천막용 직물을 파는 일은 생각처럼 쉽지 않았습니다. 그가 시장에 뛰어들기도 전에 이미 수많은 업체가 치열한 경쟁을 하고 있었기 때문입니다.

어느 날 얼굴도 모르는 군납업자가 리바이 스트라우스를 찾아와 무려 10만 명 이상의 군인이 사용할 대형 천막용 직물을 주문했습니다. 그는 큰돈을 벌 욕심에 확인도 제대로 하지 않고 지인들에게 돈을 빌려 물건부터 만들었습니다. 그런데 군납업자가 작은 꼬투리를 잡아 주문을 취소하는 바람에 리바이 스트라우스는 엄청난 재고를 떠안게 되었어요. 하루가 멀다 하고 빚쟁이들의 독촉에 시달렸지만 좀처럼 탈출구가 보이지 않았습니다.

파산을 앞두고 실의에 빠져 있던 어느 날, 리바이 스트라우스의 눈앞에 찢어진 옷을 깁고 있는 광부의 모습이 들어왔습니다. 광부 일은 워낙 험하다 보니 웬만한 바지는 얼마 지나지 않아 해어지곤 했습니다. 옷값이 워낙 비싸 새 옷을 살 수 없었던 사람들은 바지를 손수 꿰매 입어야 했는데, 여간 성가신 일이 아니었습니다. 리바이 스트라우스의 머릿속에 순간 튼튼한 천막용 직물로 바지를 만들면 좋겠다는 생각이 스쳤습니다. 그는 곧바로 실천에 옮겨 튼튼한 바지를 만들었습니다. 발상의 전환으로 인해 망해 가는 천막 천 판매업자에서 작업

복 제조업자로 변신한 것입니다.

리바이 스트라우스가 만든 바지는 시장에 나온 즉시 광부들에게 선풍적인 인기를 끌었습니다. 새로운 바지에 대한 수요가 엄청나서 만들기가 무섭게 팔려나가는 바람에 그는 순식간에 돈방석에 앉았습니다. 1860년대부터는 천막용 직물 대신 더 질기고 착용감이 좋은 데님Denim이라는 직물을 짙푸른 색의 인디고 염료로 물들여 '청바지'라는 상품으로 시장에 내놓았습니다. 이 청바지는 리바이 스트라우스Levi Strauss의 이니셜을 딴 브랜드 '리바이스Levi's'로 유명해져 점차 광부가 아닌 일반인도 입게 되었습니다.

미국 문화를 입는 세계의 젊은이들

제2차 세계대전 중 리바이스가 미군에 공급되면서 청바지는 미군을 따라 전 세계 젊은이들 사이로 퍼져 나갔습니다. 그들은 세계에서 가장 부유하고 자유로운 국가인 미국을 동경했고, 미국의 옷인 청바지를 선망의 대상으로 여겼습니다.

특히 1950년대 영화계를 주름잡은 미국의 영화배우 제임스 딘은 등장하는 영화마다 청바지를 입고 나오면서 세계인의 눈길을 사로잡았습니다. 청바지는 곧 젊은이들의 필수품이 되었지요. 제임스 딘은 1955년 24살의 꽃다운 나이에 자동차 사고로 죽기 전까지 미국을 넘어 세계적으로 인기를 누리던 슈퍼스타였습니다. 그를 사랑한 수많은 팬은 그가 영화에서 즐겨 입고 나왔던 청바지를 따라서 입었습니

| 미국 문화의 상징이 된 청바지 | 청바지를 입은 영화배우 제임스 딘 |

다. 이로 인해 청바지는 젊음의 상징이자 미국 문화의 상징으로 자리 잡았습니다. 또 스타가 제품 판매에 얼마나 큰 영향을 미칠 수 있는지도 보여주었습니다.

광산 노동자의 작업복으로 처음 등장했던 청바지는 시간이 지나면서 부자와 빈자, 남녀노소 구분 없이 모든 사람이 즐겨 입는 옷이 되었습니다. 마치 코카콜라처럼 신분이나 재산의 차이 없이 모든 국민이 함께 즐기는 평등한 소비의 상징이자 실용적인 미국 문화를 대표하는 상품이 되었습니다.

오늘날 청바지가 미국을 넘어 세계인이 즐겨 입는 의류가 된 것은 미국이 패권국으로서 세계에 엄청난 영향을 미치고 있는 현실과도 무관하지 않습니다. 청바지 역시 미국 문화의 하나로서 세계인들에

튼튼하고 저렴한 청바지

게 영향을 미치기 시작했습니다.

하지만 청바지가 모든 나라에서 사랑받았던 것은 아니었습니다. 미국과 척을 지고 있던 공산권과 이슬람 국가에서 금지의 대상이 되었습니다. 공산권은 청바지를 천박한 자본주의 문화의 상징으로 간주해 자국으로의 수입을 막았습니다. 하지만 규제하면 할수록 오히려 청바지에 대한 젊은이들의 욕구는 더욱 커졌지요. 상인들은 몰래 밀수한 청바지를 암시장을 통해 고가에 유통시켰는데, 공산권 젊은이들은 비싼 값을 치르더라도 청바지를 손에 넣으려고 했습니다.

기독교 국가인 미국과 사이가 좋지 않은 이슬람 국가들 역시 청바지를 금기시하기는 마찬가지였습니다. 이집트는 청바지 착용을 아예 법으로 금지하기도 했습니다. 특히 여성이 청바지를 입는 것은 남성

위주의 이슬람 사회에 도전하는 것으로 간주해 탄압하는 경우가 많았습니다. 그런데 최근 들어 이슬람 국가에 젊은 층이 늘어나면서 청바지를 단속하는 일이 쉽지 않게 되었습니다. 이슬람 지역은 높은 출산율로 인해 전체 인구에서 청년층이 차지하는 비중이 30%를 훨씬 넘는답니다. 무슬림 젊은이들은 기성세대와 달리 미국 문화를 거부하기는커녕 서구인만큼이나 청바지를 선호합니다.

아랄해와 인도 목화 농민들의 비극

청바지 제조는 목화 재배로부터 시작됩니다. 목화를 재료로 하여 만든 면섬유는 땀을 빨리 흡수하고 피부에 닿는 감촉도 부드러워 옷을 만드는 데 적합한 소재입니다. 면섬유는 천연 소재이기 때문에 피부에 자극도 거의 없어 세계에서 생산되는 모든 섬유의 40% 이상을 차지할 정도로 중요합니다.

한해살이 작물인 목화는 병충해에 약해서 재배하기가 쉽지 않습니다. 따라서 농부들은 목화를 건강하게 키워내기 위해 어쩔 수 없이 다량의 농약과 살충제를 사용합니다. 특히 수확을 앞둔 시점에서 목화 잎의 엽록소가 하얀 목화솜에 닿으면 녹색의 자국을 만들기 때문에 대량의 고엽제를 살포하기도 합니다. 대표적인 발암물질인 고엽제는 목화 재배를 하는 농민의 건강을 해치는 동시에 환경을 오염시키고 있습니다.

최근 들어서는 미국 최대 농화학 기업인 몬산토를 중심으로 목화의 유전자를 인위적으로 변형하면서 여러 가지 문제가 생겨나고 있습니다. 그들은 병충해에 강한 목화를 만들어 세계 목화 종자 시장을 장악할 목적으로 아예 목화씨에 살충제 성분을 삽입하는 첨단 유전공학기술을 개발했는데, 이는 목화의 유해성 논란을 불러일으키고 있습니다.

유전자를 조작한 값비싼 목화가 시장에서 대세를 이루면서 목화 재배 농민의 소득은 예전만 못해졌습니다. 그동안 목화는 '하얀 금'이라 불릴 만큼 비싼 값에 국제거래가 이루어지면서 농민의 소득향상에 큰 도움을 주었습니다. 하지만 2000년대 들어 극소수 미국계 농화학 기업이 종자 시장을 장악하면서 농민의 소득이 급격히 낮아

데님의 원료인 목화

졌습니다.

　세계 최대 목화 생산국인 인도의 경우 농민들이 미국 농화학 기업의 과장 광고에 넘어가 커다란 피해를 입고 있습니다. 병충해에도 강하고 수확량도 늘어난다는 말을 믿고 빚까지 내서 값비싼 유전자조작 종자를 구입했지만 광고와 달리 효과는 크지 않았지요. 목화씨에 살충제 성분이 포함되어 있어 처음에는 해충이 몰살되었지만 시간이 흐르자 내성을 갖춘 해충이 나타나 목화를 먹어치우기 시작했습니다. 설상가상으로 목화의 거래가격이 끊임없이 하락하자 수입이 줄어든 농민들이 빚을 갚지 못하게 되어 자살로 생을 마감하는 경우까지 속출하고 있습니다.

　목화의 국제가격이 생산원가 이하로 하락하게 된 주된 원인은 미국에 있습니다. 미국은 자국의 목화 재배 농민을 보호하기 위해 해마다 막대한 금액의 보조금을 지급합니다. 정부로부터 충분한 보조금을 받는 미국의 목화 재배 농민들이 국제시장에 헐값으로 목화를 내놓고 있어 가난한 나라의 농민들이 큰 피해를 보고 있습니다.

　또한 목화 재배 면적이 늘어나면서 대규모 환경파괴가 자주 나타나고 있습니다. 그 대표적인 피해 지역이 바로 아랄해입니다. 아랄해는 카자흐스탄과 우즈베키스탄 사이에 있는 세계에서 4번째로 큰 내해로 남한 면적의 3분의 2가 넘는 엄청난 크기를 자랑했습니다.

　하지만 1960년대 들어 아랄해 인근에서 대규모 목화 재배가 이뤄지면서 농민들은 아랄해로 들어가야 할 강물을 끌어다 농업용수로 사용하기 시작했습니다. 아랄해로 유입되는 강물이 급격히 줄어들자,

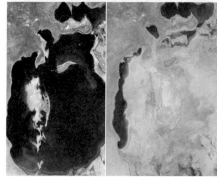

과도한 농업용수 사용으로
점점 사라져 가는 아랄해

30년 만에 바닷물의 90% 이상이 사라져 황량한 모래사막으로 변했습니다. 이처럼 세계 의류 소비 시장의 15% 이상을 차지하는 청바지를 만들기 위해 원재료인 목화 생산에 과도하게 매달리다 보니 눈에 보이지 않는 엄청난 부작용이 발생하고 있습니다.

청바지 한 장을 만들 때 치러야 하는 사회적 비용

1911년 3월 25일 토요일, 뉴욕 맨해튼에 있는 의류 회사 트라이앵글Triangle의 공장에서 화재가 발생했습니다. 당시 미국은 토요일 오후

5시까지 근무했는데, 작업 종료시간 20분을 앞두고 공장 건물의 8층에서 불이 났습니다. 공장 내부에 산더미처럼 쌓여 있던 천 조각에서 불길이 일자 순식간에 8층 전체가 화마에 휩싸였습니다.

트라이앵글의 사장은 종업원의 생명을 돌봐야 하는 의무가 있음에도 가장 먼저 현장을 빠져나와 탈출했습니다. 그나마 8층에 있던 종업원들은 사장의 뒤를 따라 탈출에 성공했지만 9층에서 일하던 노동자들은 아래층에서 밀려드는 불길에 그대로 노출되었습니다. 이들은 비상계단으로 탈출하려고 했지만 계단으로 통하는 문이 쇠사슬로 잠겨 있어 꼼짝할 수 없었습니다. 당시 의류 공장 주인들은 종업원이 물건을 훔쳐 가는 것을 막는다는 이유로 비상계단으로 통하는 문을 항상 잠가 두었습니다.

소방호스에서 뿜어져 나오는 물은 6층까지밖에 닿지 않았습니다. 9층 노동자들은 창문을 깨고 살려달라고 외쳤지만 결국 목숨을 잃고 말았습니다. 구조를 기다리던 종업원 중 일부는 9층에서 무작정 뛰어내리다가 끔찍한 죽음을 맞이했습니다. 화재가 발생한 지 1시간도 되지 않아 무려 146명

맨해튼의 의류 회사 트라이앵글 화재사고 현장

의 종업원이 목숨을 잃었습니다. 당시 화재 사고로 죽은 사람은 대부분 폴란드, 이탈리아 등 유럽 각지에서 건너온 지 얼마 안 된 가난한 여성 이민자들이었습니다. 미국 사회의 가장 열악한 곳에서 일하던 이들이 근무 현장에서 참혹하게 죽자, 이들의 장례식에는 무려 10만 명이 넘는 뉴욕 시민이 모여서 슬픔을 함께했습니다.

의류 공장 노동자들의 죽음은 헛되지 않아 미국 전역에서 작업 환경을 개선하라는 요구가 쇄도했습니다. 정치인과 기업인은 노동자들의 맹렬한 요구에 겁을 먹고 이전과는 비교할 수 없을 정도로 좋은 환경을 제공하기 시작했지요. 노동자의 지위 향상과 작업 환경 개선을 위한 100여 개의 법안이 불과 수개월 사이에 의회를 통과해 노동자들은 아무리 험한 일을 하더라도 최저임금과 함께 인권을 보장받을 수 있게 되었습니다.

청바지를 만드는 일에는 기계가 할 수 있는 것이 별로 없고 대부분 노동자의 손길이 필요합니다. 따라서 청바지 제조업체는 이윤 증대를 위해 인건비를 한 푼이라도 절약하려고 합니다.

세월이 흘러 리바이스를 비롯한 미국 내 의류업체들은 비싼 인건비를 감당하지 못해서 자국보다 인건비가 저렴한 아시아로 공장을 대거 이전했습니다. 그런데 이들은 가난한 나라의 노동자에게 인간적인 대우를 해주지 않아 비판을 면치 못하고 있습니다. 중국, 방글라데시, 캄보디아 등에서 미국 청바지 업체의 제품을 생산하는 노동자들은 일반인이 생각할 수 없을 정도로 힘든 작업 환경에서 청바지

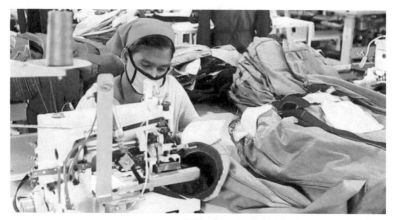

저렴한 노동력으로 의류 산업의 중심지로 떠오른 방글라데시

를 만들고 있습니다.

또한 청바지는 환경오염의 문제에서도 자유롭지 못합니다. 청바지를 제조하기 위해서는 우선 목화를 가공해 만든 면섬유로 튼튼한 천을 만들고, 이를 잘라 바지 모양으로 봉제해야 합니다. 보통의 의류는 하얀 천에 원하는 색상을 물들여서 만듭니다. 그런데 청바지는 실 자체에 파란 물을 들여 천을 짭니다. 파랗게 염색한 실과 흰색 실을 교차해서 색깔 천을 직조하는 것이지요. 청바지를 입으면 입을수록 색깔이 변하는 이유는 천 안쪽에 있던 하얀 실이 밖으로 드러나기 때문입니다.

그런데 실을 파란색으로 염색하는 과정에서 엄청난 양의 화학 염료가 사용되어 수질 오염을 일으킵니다. 과거에는 파란색을 내는 천연염료인 인디고 indigo를 사용해 그나마 환경오염이 덜 했습니다. 하지만 요즘은 인디고보다 가격이 저렴하고 무한정 생산할 수 있는 화

염색한 데님 직물

학 염료를 사용하기 때문에 심각한 수질 오염을 일으키고 있습니다. 유럽이나 미국 같은 선진국에서는 환경 규제가 까다로워 염색 과정에서 발생한 오염수를 사람이 사용할 수 있을 정도로 완벽하게 정화해서 배출해야 하기에 생산비용이 많이 듭니다.

그러나 아시아나 중남미의 가난한 나라는 환경 규제가 약해서 기업들은 별다른 규제 없이 오염물질을 배출하고 있습니다. 이로 인해 터무니없이 낮은 생산비용으로 청바지를 생산합니다. 해당 국가의 사람들은 방광암, 피부병 등 각종 질병에 시달리고 있습니다. 염색약, 표백제, 방부제, 섬유 유연제 등에 의해 오염된 강물을 그대로 식수나 목욕물로 사용하기 때문입니다.

봉제가 끝난 후 청바지 모양을 갖추게 되면 멋을 내기 위한 작업에 들어갑니다. 소비자들은 전체적으로 새파랗고 새 옷 느낌이 드는 청바지보다는 물이 빠지고 해져서 오래 입은 듯한 청바지를 선호하는데, 이를 위해서는 작업을 해야 합니다. 헌옷처럼 색이 바랜 효과를 내기 위해 화산 폭발 시 만들어진 자갈 크기의 돌덩이와 청바지를 함

돌과 청바지를 통 안에서 돌리는 스톤워싱

께 세탁기에 넣고 돌립니다. 스톤워싱Stone Washing이라 불리는 이 작업을 거치는 동안 돌덩이가 청바지 표면을 손상시키면서 색깔이 바랜 듯한 효과를 냅니다. 이것으로도 부족해 강한 공기압으로 금강사金剛砂라는 특수한 모래를 청바지 위에 분사하는 샌드블라스트Sand Blast 작업을 합니다.

강력한 공기압으로 청바지 위에 금강사를 분사하면 청바지 표면이 깎여 나가면서 천 안쪽의 하얀 실이 밖으로 멋지게 드러납니다. 원래 샌드블라스트는 조선소에서 선박 밑부분의 오래된 녹을 제거하기 위해 개발되었습니다. 이를 청바지 업계가 도입해 의류 제작에 활용하기 시작했습니다. 그러자 온종일 금강사를 청바지에 뿌리는 샌드블라스트 작업에 종사하는 청바지 공장 직원들은 규폐증이라는 직업병에 시달리기 시작했습니다. 밀폐된 작업 공간을 떠다니던 미세한 모래먼지가 노동자의 폐에 흡입되면 밖으로 배출되지 않습니다. 모래먼지가 폐에 쌓이게 되면 염증을 일으켜 기침을 유발하고 이를 조기에 치료하지 않으면 결국에는 죽음에 이르게 되는 무서운 질병이 됩니다. 이는 오랫동안 탄광에서 일하는 광부들이 탄가루가 폐에 쌓여 고통받는 진폐증과 비슷한 질병입니다.

패스트패션과 초저가 청바지의 등장

리바이스 청바지가 미국에서 탄생하게 된 가장 큰 이유는 어떠한 환경에서도 오래 입을 수 있는 내구성 때문입니다. 평생 입을 수 있는 튼튼한 옷의 상징이 바로 리바이스 청바지였습니다. 실제로 미국인들은 한 번 구매한 청바지를 오랫동안 입었고 심지어 자식에게 물려주기까지 했습니다. 이는 청바지가 튼튼하기도 하지만 그동안 유행을 별로 타지 않았기 때문입니다.

그런데 1970년대 이후 스페인의 자라ZARA, 일본의 유니클로UNIQLO 등 이른바 패스트패션* 업체가 의류 시장에서 폭발적인 인기를 얻으면서 청바지에 대한 생각이 바뀌기 시작했습니다. 유니클로 같은 패스트패션 업체들은 적당한 품질의 제품을 초저가에 판매하는 방식을

---

* 유행과 소비자의 기호가 즉각적으로 반영되어 빨리 바뀌는 패션.

청바지 생산으로 유발된 수질오염

채택해 초고속 성장했습니다. 패스트패션 업체의 성공은 가난한 나라 노동자의 임금을 착취했기 때문에 가능했습니다. 이들은 하나같이 선진국에 본사를 둔 기업이지만 생산 공장은 노동력이 풍부하고 가난한 국가에 두어 그들의 저렴한 인건비를 적극적으로 이용했습니다. 이 업체들이 매출과 이윤 증가를 위해 빠르게 유행을 변화시키면서 청바지는 오랫동안 두고두고 입는 옷이 아니라, 한두 해 입다가 버리는 옷으로 전락하고 말았습니다.

　패스트패션 업체가 내놓는 청바지는 리바이스 청바지보다 가격이 훨씬 저렴해 소비자들이 부담 없이 구매할 수 있고 별다른 애착 없이 버릴 수 있습니다. 그러나 값이 비싸든 싸든 청바지 한 벌을 만드는 데에는 무려 7,000리터 이상의 깨끗한 물이 필요하고 지구온난화를 가중하는 이산화탄소 또한 32.5kg 이나 발생한답니다. 이는 나무 12 그루를 심어야 없앨 수 있는 양의 온실가스에 해당합니다.

또한 청바지를 만들면서 배출되는 염색약, 섬유 유연제 등의 화학 약품은 수중 생물뿐 아니라 인간의 건강을 크게 위협하고 있습니다. 중국이나 방글라데시의 강은 정수하더라도 마시기 어려울 정도로 심각하게 오염되어 있는 상황입니다. 패스트패션 업체 덕분에 부유한 나라에 사는 사람들은 터무니없이 낮은 가격에 옷을 구입할 수 있지만, 이는 가난한 나라의 환경파괴와 임금 착취의 대가이기도 합니다. 해마다 수억 벌에 이르는 멀쩡한 옷이 버려지는 현상을 다시 한번 생각해 볼 때입니다.

★

방글라데시
청바지 노동자들의 비극

시대가 바뀌었어도 옷을 만드는 봉제업은 사람 손이 필요하다. 노동집약적 산업인 봉제업은 소득수준이 낮고 인구가 많은 개발도상국 차지가 된다. 2010년대 이전까지 봉제업을 주도한 나라는 세계 최대의 인구 대국인 중국이었다. 리바이스를 비롯한 다국적 의류 기업들은 중국에 진출하여 저렴하고 풍부한 노동력을 활용해 의류 생산비용을 크게 낮추었고 그 결과 큰 이익을 볼 수 있었다. 이때만 하더라도 세계 어디를 가나 중국에서 생산한 옷으로 넘쳐났다. 그러나 중국인의 국민소득이 빠르게 늘어나자 최저임금도 해마다 가파르게 상승하면서 중국은 점차 글로벌 의류 기업의 투자대상에서 멀어지게 되었다.

중국 대신 글로벌 생산기지로 각광받게 된 나라가 바로 방글라데시였다. 방글라데시는 중국에 비하면 인건비가 5분의 1 수준에 불과하며 젊은 층이 많아 노동력이 풍부했다. 옷을 만드는 손재주도 중국인에 못지않아 수많은 글로벌 의류업체가 이곳에 생산기지를 두었다. 글로벌 의류업체들은 자신들이 직접 생산 공장을 운영하지 않고 현지 대형업체에 생산을 위탁하는 방식을 이용했다. 이때 노동력에 상응하는 정당한 인건비는 주지 않는 경우가 대부분이다. 게다가 현지 대형업체가 중소형 업체에 다시 한번 생산을 위탁하는데, 이 과정에서 노동자에게 지급되는 인건비는 더욱 줄어든다. 결국 실제로 옷을 만드는 노동자에게 지급되는 돈은 얼마 되지 않아 봉제 공장 노동자는 아무 여유도 없이 먹고살기에만 바쁘다.

의류를 생산하는 중소형 봉제 업체들은 종업원의 근무환경에는 신경 쓸 여유가 없다. 생산단가를 낮추지 못하면 적자를 면하기 힘들기 때문이다. 그들은 좁은 공간에 수많은 노동자를 투입해 일을 시키기 때문에 안전사고의 위험이 항상 도사리고 있다.

2013년 4월, 방글라데시의 수도 다카 근교에 있는 봉제 공장이 붕괴하면서 무려 1,100여 명의 노동자가 목숨을 잃는 사고가 일어났다. 본래 이 건물은 4층짜리 쇼핑센터였는데 봉제 공장주가 건축 규정을 어기고 8층으로 증축한 후 수많은 근로자를 몰아넣고 일을 시키는 바람에 건물이 무게를 견디지 못해 무너진 것이다.

사고 당일 아침, 건물 벽에 큰 금이 나 있자 근로자들은 불길한 생각이 들어 건물 안으로 들어가지 않았다. 그러나 공장 간부들은 아무 일 없을 것이라고 하면서 그들을 공장 안으로 몰아넣었다. 얼마 지나지 않아 건물 전체가 무너졌고 결국 그 안에 있던 사람들은 끔찍한 사고를 당했다. 이 참사는 언론을 통해 세계에 알려져 큰 반향을 불러일으켰다. 미국을 비롯한 부유한 나라의 사람들은 자신의 옷을 누가, 어떤 환경에서 만드는지 알게 되었다. 선진국 소비자들이 방글라데시 노동자의 근로 환경에 대해 강하게 이의를 제기하자 글로벌 의류업체들은 방글라데시의 위탁생산업체를 다그쳐 생산현장의 안전을 강화하도록 요구했다.

글로벌 의류업체들은 새로 정한 안전 기준을 갖추지 못하는 회사에는 일감을 주지 않겠다는 조건을 내걸었다. 그들은 안전 강화에 드는 비용

많은 희생자를 낳은 방글라데시 봉제 공장의 붕괴 현장

을 영세한 현지 업체가 부담하도록 요구했고, 이에 현지 업체들은 가뜩이나 없는 돈을 끌어모아 안전 정비에 나서야 했다. 방글라데시만 하더라도 일감을 얻기 위해서는 글로벌 의류업체의 입김에서 결코 자유로울 수 없다. 전체 제조업의 절반가량을 봉제업이 차지하는 현실 탓이다. 계속해서 일감을 얻기 위해서는 글로벌 의류업체의 뜻을 거스를 수 없다. 만약 요구사항을 거부할 경우 그들은 언제라도 규제가 느슨한 나라로 떠나기 때문에 현지 영세업체는 울며 겨자 먹기로 그들의 뜻에 따를 수밖에 없다.

이와 같이 글로벌 의류업체들이 상품의 생산과 판매 과정에서 발생하는 부가가치 대부분을 차지하므로 이윤의 불공정한 분배가 끊임없이 논란의 대상이 되고 있다.

3장

모두를 사로잡은 입맛,

패스트푸드

평등한 음식 문화

미국은 세계 모든 민족이 모여서 이루어진 나라인 만큼 음식 문화도 다채롭습니다. 거리에는 이탈리아, 프랑스, 중국, 한국, 일본, 인도, 터키, 멕시코 등 수많은 나라의 요리를 맛볼 수 있는 식당이 즐비하지요.

먹거리 천국인 미국에 가서 미국을 상징하는 음식이 무엇이냐고 물으면 십중팔구 햄버거와 콜라로 대표되는 패스트푸드를 말할 것입니다. 건국 당시부터 왕족, 귀족, 평민 같은 신분 제도가 없었던 미국은 음식 문화에서도 평등합니다. 대통령, 억만장자, 서민을 가릴 것

미국의 패스트푸드 문화를
상징하는 햄버거

없이 동일한 품질의 햄버거를 먹고 콜라를 마시는 나라가 바로 미국입니다.

요즘 들어 많은 나라에서 햄버거, 콜라, 핫도그 등 패스트푸드를 두고 '정크푸드junk food', 즉 쓰레기 음식이라고 부르며 건강을 위해 반드시 피해야 할 음식으로 여기지만 미국에서 패스트푸드의 인기는 대단합니다. 산해진미를 다 맛볼 수 있는 미국 대통령이 맥도날드 햄버거 맛을 잊지 못해 종종 매장에 모습을 드러내 국민을 깜짝 놀라게 한 일도 있답니다. 제42대 대통령 빌 클린턴은 햄버거를 너무 좋아해 재임 시절 수시로 사 먹었습니다. 그는 패스트푸드 때문에 심장병을 얻어 쓰러지기도 했지만 수술 후에도 변함없이 햄버거 가게를 찾았습니다.

흔히 '액체 사탕'으로 불리면서 다른 나라에서는 나쁜 이미지를 가진 콜라 역시 미국에서는 좋은 대우를 받습니다. 외국에서 온 국빈을 위한 만찬장에도 콜라가 등장할 정도입니다. 역대 미국 대통령들은 격식을 중시하는 만찬장에서 콜라를 즐겨 마셨는데, 캔 째로 마셔 상대방을 놀라게 하기도 했습니다. 이처럼 햄버거와 콜라로 대변되는 미국의 음식 문화는 누구나 즐길 수 있는 평등성을 특징으로 합니다.

접시가 필요 없는 햄버거의 탄생

오늘날 미국의 음식 문화를 상징하는 햄버거의 기원에 관해서는 다양한 이야기가 있지만 오래전 몽골에서 시작되었다는 이야기가 정설로 받아들여지고 있습니다. 유목민족이었던 몽골 사람들은 말안장 밑에 양고기를 두고 달리다가 배고플 때 꺼내 구워 먹었습니다. 말안 장 밑에 있던 양고기는 사람의 체중에 의해 으깨졌기 때문에 부드럽 고 먹기 좋았습니다. 13세기 몽골제국의 칭기즈 칸이 유럽 대륙 공략 에 나서면서 몽골의 음식 문화가 서양에 전달되었습니다.

14세기 독일 함부르크 사람들이 다진 소고기에 양파, 소금, 후추를 넣고 스테이크처럼 구워 먹으면서 오늘날과 비슷한 햄버거 패티_{patty} 가 완성되었습니다. 18세기 초 독일인의 미국 이주가 본격적으로 시 작되자 독일의 음식 문화도 미국에 전파되었습니다. 그들은 고향에 서처럼 소고기를 다져 둥글넓적하게 패티를 만들어 불에 구워 먹었 지만 빵에 끼워서 먹지는 않았습니다.

1904년 미국 세인트루이스 만국박람회에서 드디어 요즘 먹는 햄 버거가 탄생했습니다. 당시 박람회장에는 구름 떼 같은 인파가 몰려 들어 인산인해를 이루었습니다. 식사 시간이 되면 박람회장 내 식당 에 많은 사람이 몰렸습니다. 요리사들은 밀려드는 주문을 감당할 수 없게 되자 다진 고기에 갖은 양념을 한 후 넓적하게 만들어 약간의 야채와 함께 빵에 끼워 팔았습니다. 미국식 햄버거가 된 이 음식은 요리로서는 부족한 점이 많았지만 포크나 접시 없이 간편하게 먹을 수 있어 손님들에게 폭발적인 인기를 얻었습니다.

세인트루이스 박람회가 끝난 후에도 햄버거는 사라지지 않았지만 큰 인기를 누린 것은 아니었습니다. 온갖 먹거리가 넘쳐나는 미국 사회에서 그저 그런 음식으로 명맥을 유지하는 정도에 머물렀습니다.

요리에 대량생산 방식을 도입한 맥도날드 형제

1940년 맥도날드 형제가 캘리포니아주 샌버너디노_{San Bernardino}에 자신들의 성을 딴 레스토랑을 열면서 맥도날드 햄버거의 역사는 시작되었습니다. 햄버거를 비롯해 여러 가지 메뉴를 팔던 이 가게는 항상 손님으로 북적거렸습니다. 맥도날드 형제는 가게에 밀려드는 손님을 맞기 위해 많은 요리사와 서빙 담당 종업원을 고용했습니다. 그런데 직원들이 고된 일을 견디지 못해 수시로 가게를 떠났고 이에 맥도날드 형제는 골머리를 앓게 되었습니다. 요리사가 바뀔 때마다 음식 맛이 바뀌었습니다. 능숙하지 못한 웨이터는 유리 접시를 깨기 일쑤였습니다. 해결책을 찾기 위해 애쓰던 맥도날드 형제는 포드자동차의 분업화된 생산방식에 관심을 가졌습니다.

맥도날드 형제

1903년에 자동차 회사를 설립한 헨리 포드는 당시로는 혁신적이었던, 조립라인에 의한 대량생산 방식을 도입했습니다. 기존의 자동차 생산방식은 숙련된 장인의 주도로 마치 예술작품을 창작하듯 복잡한 과정을 거쳤습니다. 하지만 포드는 모든 생산 과정을 잘게 쪼갰습니다. 노동자는 각자 한 가지 특정 작업만 반복해서 하면 그만이었지요. 한 가지 일만 끊임없이 반복하는 극단적인 분업화로 근로자는 노동의 즐거움을 빼앗겼지만 그 대신 이전에는 상상도 할 수 없던 연봉을 챙길 수 있었습니다.

1948년 맥도날드 형제는 포드식 생산방식을 도입했습니다. 기존에 팔던 25가지의 다양한 메뉴도 대폭 줄여서 햄버거를 중심으로 한 극소수 메뉴에 집중하기로 했습니다. 또한 일을 분업화해 종업원의 업무를 단순화했습니다. 예전에는 요리사 한 명이 책임지고 햄버거를 만들었지만 포드식 생산방식을 도입한 이후에는 주문을 받고, 햄버거 패티를 굽고, 감자를 튀기고, 청소하고, 밀크셰이크를 만드는 일을 각각의 종업원이 따로 했습니다. 또 기존의 유리컵을 일회용 종이컵으로 대체하자 주방에서 설거지하는 사람을 고용할 필요가 없어졌습니다. 이처럼 맥도날드 형제는 공산품 제조에 사용되던 생산방식을 미국 역사상 최초로 음식 조리에 도입해 다른 업체보다 훨씬 빠른 속도로 햄버거를 만들 수 있게 되었습니다.

프랜차이즈 사업가 레이 크록

레이 크록Ray Kroc은 1902년 일리노이주 오크파크에서 태어났습니다. 공부에 흥미가 없었던 그는 고등학교를 중퇴하고 제1차 세계대전에 나가려고 했으나, 나이가 어려서 거절당하자 일종의 편법으로 국제적십자사 운전기사가 되어 전쟁터로 나갔습니다. 전쟁이 끝난 후 고향으로 돌아와 여러 가지 일을 했지만 돈벌이는 시원치 않았습니다.

1954년 레이 크록은 밀크셰이크 기계 외판원으로 활동하다가 우연히 맥도날드 형제가 운영하는 매장에 들르게 되었는데, 가게에 들어가자마자 놀라움을 금치 못했습니다. 맥도날드 햄버거는 어떤 가게보다 많은 손님으로 넘쳐났지만 빠른 속도로 손님의 주문을 처리하고 있었습니다. 게다가 햄버거의 맛도 좋고 많은 사람이 북적여도

맥도날드를 거대기업으로 만든
레이 크록

매장은 항상 청결함을 유지했습니다.

레이 크록은 맥도날드 형제에게 자신과 함께 미국 전역에 프랜차이즈 시스템*으로 매장을 늘리자고 제안했지만 거절당했습니다. 맥도날드 형제는 눈코 뜰 새 없이 바빴기 때문에 사업을 확장할 생각을 하지 못했습니다. 레이 크록은 끊임없이 찾아가 전체 매출액의 0.5%를 브랜드 사용료로 지급하는 조건으로 마침내 프랜차이즈 총판권을 따냈습니다. 이를 계기로 그는 맥도날드 햄버거를 운영할 가맹점주**를 모아 프랜차이즈 사업을 시작했습니다.

1955년 일리노이주 데스플레인스Des Plaines에 첫 매장이 오픈되면서 맥도날드 햄버거는 동네 맛집 수준을 넘어서기 시작했습니다. 가격도 저렴해 많은 고객들의 사랑을 받자 불과 5년 만에 200개 이상의 맥도날드 매장이 미국 전역에 들어섰습니다.

1958년 레이 크록은 햄버거 레시피에서 직원 교육까지 회사 운영에 관한 모든 것을 지침서로 만들었습니다. 모든 매장에서 균일한 품질의 맥도날드 햄버거를 생산하기 위해서였습니다. 회사 안에서 일어날 수 있는 모든 상황을 매뉴얼화 하다 보니 지침서의 두께는 70쪽에 달했습니다.

이를테면 햄버거에 들어가는 소고기 패티의 지름은 10cm 정도, 빵의 지름은 고기보다 조금 작은 9cm 정도로 만들었습니다. 빵이 소고

---

* 본사로부터 일정 지역에 대한 판매권을 얻어서 영업하는 방식.
** 가맹점(어떤 조직의 동맹이나 연맹에 든 가게나 상점)의 소유자.

저렴하고 일관된 맛으로 미국의 패스트푸드 시장을 석권한 맥도날드

기 패티보다 작은 이유는 고기가 빵 밖으로 노출되었을 때 더욱 먹음직스럽게 보이기 때문입니다. 또한 소고기 패티의 지방 비율은 19%라는 식으로 아주 세세한 부분까지 표준화했기 때문에 전 세계 어떤 매장에 가든지 소비자는 같은 맛을 즐길 수 있게 되었습니다. 이밖에도 신선한 맛을 유지하기 위해 햄버거는 만든 지 10분, 감자튀김은 7분이 지나면 모두 폐기 처분하도록 했습니다.

레이 크록은 매장 내 청결을 유지하기 위해 프랜차이즈 매장을 예고 없이 방문하기도 했습니다. 만약 방문했을 때 매장 내에서 파리라도 한 마리 날아다니면 가차 없이 영업을 중단시켰을 정도로 위생관념이 투철했지요. 직원들은 의무적으로 30분마다 손을 깨끗이 씻어야 했고 영업이 끝난 후에는 조리용 기계를 모두 분해해 깨끗이 닦고 다시 조립해 사용했습니다.

매뉴얼대로 만들어지는
맥도날드 햄버거

1961년 레이 크록은 새로 매장을 여는 점주를 교육하기 위해 맥도
날드 햄버거 대학을 설립했습니다. 창업을 원하는 점주는 의무적으
로 햄버거 대학에 입학해 하루 8시간씩 9개월 동안 햄버거 조리와 가
게 운영에 관한 모든 것을 교육받습니다. 레이 크록은 햄버거 대학을
통해 자신의 경영철학을 프랜차이즈 점주들에게 주입했습니다. 이로
인해 미국 전역에 흩어져 있는 모든 맥도날드 매장이 동질성을 갖게
되면서 고객은 어디를 가나 같은 가격에 같은 품질의 햄버거를 먹을
수 있게 되었습니다.

패스트푸드와 비만

인류는 오랜 옛날부터 빈곤에 시달리다가 최근에야 식량부족 문제

에서 한 발짝 벗어날 수 있게 되었습니다. 사람들은 먹을 것을 구하기 위해 사냥이든 농사든 늘 힘들여 일했지만 충분한 양의 식량을 구하기가 쉽지 않았지요. 그래서 기회가 될 때마다 과식을 해서 몸속에 지방 형태로 영양분을 축적했습니다. 달콤하거나 기름진 음식은 쉽게 지방으로 전환되기 때문에 인류는 본능적으로 단 음식과 기름진 음식을 선호하게 되었습니다. 1950년 후반부터 기름에 튀기거나 설탕을 첨가한 패스트푸드가 빠르게 확산되자 사람들은 체중이 늘어나기 쉬운 상태가 되었습니다.

패스트푸드가 널리 퍼질 수 있었던 것은 1960년대 이후 미국 사회가 빠르게 변화하면서 더는 예전처럼 느긋하게 식사를 할 수 없는 환경으로 바뀌었기 때문입니다. 경쟁 사회에서 낙오하지 않기 위해 사람들은 이전보다 더 많은 시간을 일하는 데 사용하게 되었고, 식사는 이제 먹는 즐거움이 아닌 끼니를 때워야 하는 일이 되었습니다. 그러다 보니 주문에서 식사까지 30분이면 충분히 해결할 수 있는 맥도날드 햄버거는 사람들에게 크게 환영받으며 성장을 거듭했습니다.

맥도날드를 비롯해 버거킹, 켄터키프라이드치킨KFC, 피자헛 등 다양한 종류의 패스트푸드 업체가 등장하면서 미국 사람들의 음식 문화를 바꾸어 놓았습니다. 패스트푸드는 바쁜 사회를 살아가는 사람들에게 '시간 절약'이라는 혜택을 주었지만 '비만 인구 증가'라는 심각한 부작용을 낳았습니다.

1968년부터 맥도날드는 햄버거, 감자튀김, 콜라 등 자사에서 판매하는 메뉴의 양을 대폭 늘리기 시작했습니다. 이는 음식의 양을 늘려서 비싸게 받는 영화관 스낵코너의 경영전략을 모방한 것입니다. 영화관은 원래 영화 상영을 목적으로 만들어진 공간이지만 영화 상영만으로는 수익을 맞출 수 없어 팝콘이나 콜라 등 여러 가지 음식물을 판매하지요. 영화를 상영해서 얻는 수입은 상당 부분을 영화 배급사에 줘야 하지만 팝콘이나 콜라 등의 판매 수입은 전부 영화관이 차지할 수 있어 간식 판매에 사활을 겁니다.

게다가 극장에서 판매하는 콜라나 팝콘 등의 간식은 제조원가가 매우 낮아 가능한 한 큰 사이즈로 만들어 비싸게 판매하는 것이 극장의 이익을 늘리는 데 유리합니다. 이로 인해 극장은 앞다투어 큰 사이즈의 간식을 팔기 시작했습니다. 소비자들은 극장의 영업 전략에 따라 예전보다 훨씬 큰 사이즈의 간식을 사 먹을 수밖에 없었습니다.

맥도날드는 영화관의 전략을 그대로 모방해 매장에서 판매하는 상품의 용량을 계속 늘려나갔습니다. 1950년대 맥도날드 햄버거 패티의 무게는 28g에 불과했지만 꾸준히 무게를 늘려 간 결과 오늘날에는 170g이나 됩니다. 콜라 역시 1950년대에는 230밀리리터가 대세였으나 요즘에는 무

비만을 부추기는 탄산음료

려 1리터짜리 콜라가 날개 돋친 듯 팔려나갑니다. 1리터의 콜라 속에는 3그램짜리 각설탕 36개가 들어있어 살이 찔 수밖에 없습니다.

소득 양극화 문제가 심각한 미국 사회에서는 부유한 사람과 가난한 사람이 사는 지역이 확연히 구분됩니다. 주로 백인이 사는 부유층 거주 지역은 치안이 잘 되어 있고 주민들의 구매력이 높아 온갖 종류의 백화점, 대형 할인매장 등의 쇼핑센터와 피트니스센터가 잘 갖춰져 있습니다. 따라서 주민들은 언제라도 신선한 채소나 과일을 구입할 수 있고 피트니스센터에서 운동을 하며 살을 뺄 수 있습니다.

반면에 주로 흑인이 사는 빈민가는 치안 사정이 열악해 가게들이 입점하기를 꺼립니다. 강도가 총을 들고 수시로 매장을 습격하기 때문에 빈민가에서 장사하려면 목숨을 잃을 각오를 해야 할 정도입니다. 따라서 가난한 지역일수록 야채나 과일 같은 신선한 식품을 파는 가게를 찾기가 힘들지만 패스트푸드점은 쉽게 발견할 수 있습니다. 맥도날드 햄버거 같은 패스트푸드는 미국 내에서는 가난한 사람도 사 먹을 수 있을 정도로 저렴한 음식에 속하고 회사는 매출을 늘리기 위해 빈민가에도 매장을 열기 때문입니다.

맥도날드 햄버거 세트는 건강한 삶을 위해 필수적인 섬유질, 미네랄, 비타민, 철분 등이 적은 반면 건강에 해로운 당분, 염분, 지방질이 너무 많아서 지나치게 많이 먹으면 건강을 해칠 수밖에 없습니다. 게다가 하루하루 힘겹게 먹고사는 빈민들은 피트니스센터에 다니며 살을 뺄 수 있는 시간이나 돈도 없어 비만 확률은 더욱 높을 수밖에 없습니다. 일주일에 서너 번씩 패스트푸드 매장을 방문해 끼니를 해결하는 빈민들은 회사에서 볼 때 수익의 80% 이상을 올려주는 우량고객입니다.

〈슈퍼 사이즈 미〉가 미국 사회에 던진 충격

패스트푸드점에 가서 햄버거만 먹는 사람은 드뭅니다. 햄버거만 주문하면 단돈 몇 백원만 더 내고 감자튀김과 콜라까지 즐기라는 권유를 받곤 합니다. 여기에다 또 얼마의 돈만 추가하면 더 많은 음식을 먹을 수 있는 라지 사이즈도 있지요. 이보다 더 큰 사이즈도 있을까요? 네, 미국 맥도날드에는 슈퍼 사이즈가 있었습니다. 이미 쟁반을 가득 채울만큼의 햄버거 세트를 주문한 사람에게 점원은 '슈퍼 사이즈?'라고 묻는답니다. 이때 네, 라고 대답하면 우리 몸은 어떻게 변할까. 이 질문에 답하고자 자신의 몸을 실험대상으로 삼은 사람이 있었습니다.

2003년 2월 다큐멘터리 감독 모건 스펄록Morgan Spurlock 은 하루 세 끼를 맥도날드 햄버거만 먹으면 몸에 어떤 변화가 일어나는지를 관찰하기 위해

패스트푸드의 문제점을 세상에 알리고자
노력한 모건 스펄록

직접 실험에 나섰습니다. 실험 직전의 그는 나이 32세, 키 188cm, 몸무게 84kg의 건강한 남성이었습니다. 또 정밀건강진단 결과 건강에 아무런 문제가 없었고 신체나이는 23.2세였습니다.

실험이 진행되는 동안 스펄록의 몸무게는 계속 증가했고 혈압과 콜레스테롤 수치도 높아졌습니다. 실험을 시작한 지 겨우 한 달 만에 그는 햄버거를 먹을 수 없었습니다. 그의 건강을 점검하던 의사들이 건강이 더 나빠지는 것을 막기 위해 실험을 중단시켰기 때문입니다. 한 달 동안 진행된 실험에서 몸무게가 11kg이나 증가한 스펄록은 성기능 장애, 간 질환 등을 겪었고 우울증에 시달렸습니다. 신체나이가 23.2세에서 27세로 올라갔을 정도로 패스트푸드는 그의 건강에 나쁜 영향을 미쳤습니다. 늘어난 몸무게를 원래대로 줄이는 데 14개월이나 걸렸지만 스펄록의 건강은 예전만 못했습니다. 다큐멘터리가 방영되자 맥도날드 측은 슈퍼사이즈옵션을 없애는 등 자구책에 나섰습

영양 성분 불균형으로
비만을 초래하는
패스트푸드

니다.

2004년 5월 스펄록의 실험 장면을 담은 다큐멘터리 〈슈퍼 사이즈 미Super Size Me〉가 세상에 공개되자 시청자들은 모두 큰 충격을 받았습니다. 그동안 생각 없이 먹었던 패스트푸드가 얼마나 건강에 해로운지, 식생활 개선이 왜 필요한지를 명확히 알게 되었습니다. 건강한 삶을 위해 먹거리가 무엇보다 중요하다는 사실을 인식하게 되면서 패스트푸드를 경계하기 시작했습니다. 2005년 〈슈퍼 사이즈 미〉는 아카데미 다큐멘터리 부문 작품상 후보에 오르는 영광을 누렸고 교육용 프로그램으로 선정되어 학교에서 패스트푸드의 위험성을 알리는 교재로 널리 활용되기도 했습니다.

한편 그동안 패스트푸드를 과잉 섭취해 비만 상태가 된 사람들은 〈슈퍼 사이즈 미〉를 증거로 삼아 맥도날드를 상대로 소송을 제기했습니다. 그들은 지금까지 맥도날드가 패스트푸드의 위험성을 훤히 알면서도 소비자에게 알리지 않았다는 이유를 들어 막대한 금액의 손해배상을 법원에 요구했습니다. 소송을 제기한 사람들은 담배 케이스에 흡연의 위험성을 알리는 문구가 있는 것처럼 햄버거 포장지에도 '맥도날드 햄버거를 먹으면 비만, 당뇨병, 심장병, 고혈압 등 각종 성인병이 생길 수 있습니다.'라는 경고문이 적혀 있어야 한다며 맥도날드가 이것을 적지 않은 것을 문제삼았습니다.

소송에 휘말린 맥도날드는 창업 이후 최대의 위기를 맞게 되었습니다. 만약 법원이 패스트푸드의 위해성을 인정해서 맥도날드가 패한다면 소비자들의 소송이 줄줄이 이어질 것이고, 게다가 승소한 고객들에게 막대한 배상금을 물어주게 될 경우 회사가 파산할 것이 뻔했습니다.

맥도날드 소송의 주요 논점은 국민의 건강 보호에 있어 개인의 책임과 회사의 책임을 어떻게 구분하느냐의 문제였습니다. 만약 국민의 건강을 전적으로 개인의 책임으로 여긴다면 햄버거를 돈 주고 사 먹는 사람이 모든 책임을 져야 합니다. 반면 회사의 책임을 인정한다면 패스트푸드가 건강에 미치는 악영향을 미리 알리지 않은 맥도날드가 모든 부담을 떠안고 소비자에게 손해배상을 해주어야 합니다.

불꽃 튀는 법정 공방이 진행되었지만 최후 승자는 맥도날드였습니다. 법원은 "한 개인이 맥도날드 햄버거를 지나치게 많이 먹었을 때 건강을 해치거나 비만이 초래될 수 있다는 사실을 알고 있었다면, 그를 과식으로부터 보호하는 것은 법의 영역을 벗어난 문제이다."라는 판결을 통해 패스트푸드로 인한 건강문제를 개인의 책임으로 돌렸습니다. 또한 맥도날드 고객의 비만이나 건강 악화가 패스트푸드 때문인지 아니면 다른 요인 때문인지 명확히 알 수 없다는 이유를 들어 회사 측의 손을 들어주었습니다. 맥도날드는 소송에서 승리하자 "우리는 법원이 상식에 근거한 판결을 내릴 것으로 확신하고 있었다."라고 성명을 발표하며 의기양양했습니다.

맥잡 McJob

우리와 풍토가 다른 외국을 여행하거나 방문할 때면 입에 맞는 음

맥잡 탄생에 중요한 역할을 한 닉슨 대통령

식을 찾기가 쉽지 않습니다. 하지만 낯선 음식을 접해야 한다는 불안감은 맥도날드 매장을 만났을 때 조금이나마 줄어듭니다. 맥도날드 제품은 표준화되어 세계 어디를 가든지 거의 비슷한 품질을 유지하고 있기 때문입니다.

2018년 기준, 맥도날드는 100여 개 넘는 국가에 3만 개가 넘는 매장을 가지고 있습니다. 그런데 매장 유지를 위해 고용한 수많은 종업원에게 열악한 처우를 하여 문제가 되고 있습니다.

맥도날드 프랜차이즈 사업 초기부터 레이 크록은 종업원에게 적은 임금을 주려고 애썼습니다. 1972년 미국 대선이 시작되자 그는 당시 공화당 후보였던 리처드 닉슨 캠프에 25만 달러를 기부하며 호감을 사고자 했습니다. 그해 겨울 닉슨은 대통령에 재선되자마자 거액의 기부금을 낸 레이 크록을 위해 이른바 '맥도날드 법안'을 공화당이

다수인 의회에서 통과시켰습니다. 맥도날드 법안이란 미성년자에게
는 법정 최저임금을 주지 않아도 된다는 악법입니다. 이로 인해 맥도
날드를 비롯한 미국의 패스트푸드 업체들은 노동의 대가에 비해 터
무니없이 저렴한 돈을 주고 10대 청소년을 부릴 수 있게 되었습니다.

2003년 세계적인 권위를 자랑하는 옥스퍼드 사전에 '맥잡McJob'이
라는 단어가 등재되었습니다. 맥잡이란 맥도날드McDonald와 직업을 뜻
하는 잡Job의 합성어로 '숙련된 기술이 필요 없는 저임금 노동자'라
고 정의되어 있었습니다. 또 다른 사전에는 '저임금에 장래성이 없는
일자리'라고 정의되었습니다. 맥잡이란 쉽게 말해 '다른 사람들에게
제대로 대접받지 못하는 직업이자 장래성도 없는 서비스업종의 일
자리'라는 뜻입니다. 이에 자사에 대한 부정적 이미지를 우려한 맥도
날드가 해당 출판사에 시정을 요구했지만 받아들여지지 않았습니다.
맥잡의 정의에 부합할 정도로 맥도날드의 근무환경은 열악하기 짝이
없었기 때문입니다.

맥도날드 매장에서 햄버거를 만들고 손님의 주문을 받는 직원을
'크루crew'라고 합니다. 맥도날드 매장에서는 모든 작업이 자동화되
어 있어서 크루는 본사에서 배달된 냉동 재료를 기계에 넣는 단순 작
업만을 반복합니다. 이는 감자튀김을 만드는 과정을 보면 쉽게 알 수
있습니다. 감자튀김을 만드는 기계에 규정된 양만큼 식용유를 부은
다음 전원을 켜면 기름은 감자가 가장 맛있게 튀겨지는 온도가 될 때
까지 가열됩니다. 최적 온도가 되는 순간 기계에서는 벨이 울리고 이

때 크루는 규정된 양의 감자를 넣고 기다립니다. 잠시 후 완성을 알리는 벨이 울리면 규정된 용기에 감자튀김을 담아내면서 일이 마무리됩니다.

맥도날드 매장의 크루가 하는 일 중에 창의력이나 사고력이 필요한 일은 없습니다. 크루가 필요한 이유는 기계가 해내지 못하는 일을 보완하기 때문이지요. 매장에서 하는 일에 전문성이 필요 없다 보니 직원에 대한 보수 역시 형편없습니다. 세계 어느 나라를 가든지 크루는 법정 최저임금 수준의 급여를 받습니다. 그렇다고 크루의 노동강도가 약한 것은 결코 아닙니다. 여름철 주방 안은 매우 뜨거울 뿐 아니라 감자를 튀기면서 공기 중에 떠돌게 되는 기름 분자 때문에 자주 청소해 주어야 합니다. 손님이 없어도 재료 준비를 하고, 바닥과 테이블을 닦는 등 끝없이 일해야 합니다. 크루가 입는 유니폼 역시 노동자의 인권을 중시하는 사람들의 곱지 않은 시선을 받고 있습니다. 매장에서는 크루의 위생관리를 위해 사계절 내내 반소매 셔츠만 입어야 하기 때문입니다.

맥도날드는 근무시간도 회사 마음대로 정합니다. 손님이 많으면 추가 근무를 시키고 손님이 없으면 크루를 집으로 돌려보내 인건비를 줄입니다. 이와 같이 근무시간이 회사의 필요에 따라 멋대로 정해지기 때문에 종업원의 근무시간과 임금이 들쭉날쭉해 미래를 계획하기 쉽지 않습니다. 해마다 수십억 달러의 이익을 내는 맥도날드가 직원에 대한 부실한 대우를 일삼자 참다못한 직원들이 처우 개선을 위해 거리로 나서기 시작했습니다.

2013년 8월 미국 전역에 산재한 맥도날드 종업원들이 일손을 놓고 거리에 쏟아져 나왔습니다. 그동안 맥도날드 종업원들의 시위가 없었던 것은 아니지만 이 시위는 처음으로 미국의 모든 도시에서 벌어졌습니다. 시위는 미국을 넘어 이탈리아, 독일, 스위스, 파나마, 아르헨티나, 브라질 등 세계로 번져 갔습니다. 시위에 참여한 맥도날드 종업원들은 한결같이 지금의 저임금으로는 기본적인 생활조차 할 수 없다면서 처우 개선을 강하게 요구했답니다. 당시 맥도날드 직원의 급여는 미국의 법정 최저임금 수준이었는데, 주당 40시간씩 꽉 채워서 연간 52주를 일해 봤자 연간 1만 5,080달러밖에 받지 못했습니다. 이는 당시 미국인 평균소득의 절반에 불과할 정도로 낮은 임금입니다.

맥도날드 같은 패스트푸드 업체들은 하나같이 최저임금을 책정한 것은 저렴하게 음식을 공급하기 위해서였다고 주장하고 있습니다.

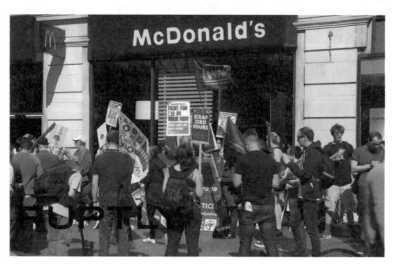

맥도날드 매장 앞에서 근로 조건 개선을 요구하는 시위대

그들의 주장이 일리가 없는 것은 아니지만, 경제학자들은 어느 정도 임금을 올리더라도 회사 경영에는 큰 문제가 발생하지 않을 것이라고 주장합니다. 또 미국 내 300만 명이 넘는 패스트푸드 관련 노동자에게 적정한 임금을 지급하면 구매력이 크게 향상되므로 내수 확대에도 좋은 영향을 주게 됩니다.

하지만 종업원들의 주장은 회사 측에 큰 영향을 주지 못했습니다. 제조업의 경쟁력을 잃어버린 미국 사회에서 튼튼한 일자리를 찾기란 하늘의 별 따기가 되어 버렸습니다. 이로 인해 젊은이들은 생존을 위해 '맥잡'이라도 구하려고 줄을 서고 있는 상황입니다. 이런 상황이다 보니 회사 측이 굳이 임금을 올려줄 필요가 없게 되어 미국 내 맥도날드 종업원들은 여전히 열악한 환경에서 일하고 있습니다.

하지만 세계 모든 맥도날드 매장의 근로 환경이 열악한 것은 아닙니다. 정부 차원에서 근로자의 권익 보호에 앞장서는 북유럽의 경우 맥도날드에서 근무하는 모든 직원이 노동에 대한 정당한 대가를 받습니다. 덴마크나 스웨덴의 경우 1인당 국민소득이 미국과 비슷한데도 맥도날드 매장에서 근무하는 종업원은 미국보다 두 배 이상의 임금을 받습니다.

또한 미국에서는 상상도 할 수 없는 5주간의 유급휴가와 출산휴가, 퇴직 연금 혜택을 받습니다. 오후 6시 이후나 일요일에 근무하면 짭짤한 초과근무 수당도 챙길 수 있답니다. 만약 회사가 근무일정을 변경하려면 최소한 4주 전 직원에게 미리 통보해야 하고 경비 절감을 이유로 근로시간을 멋대로 줄여서도 안 됩니다. 이와 같이 국가 차원의 세심한 노동자 보호 정책 덕분에 맥도날드를 비롯한 모든 패스트푸드 매장에서 일하는 북유럽 노동자는 미국 노동자에 비해 훨씬 안정된 삶을 살고 있습니다.

미국의 패스트푸드 산업은 21세기 들어 가장 많은 일자리를 만든 업종이며, 그 규모는 연간 2,000억 달러 이상입니다. 하지만 일 자체는 단순노동의 연속이고 임금은 최저임금에 불과한 질이 낮은 일자리입니다. 맥잡의 존재는 이윤 극대화를 유일한 지상 과제로 삼는 미국식 자본주의의 그늘을 잘 보여주고 있습니다.

지렁이버거 괴담 탈출작전

1978년 미국에서 출처를 알 수 없는 괴상한 소문이 돌았습니다. 맥도날드가 원가를 절약하기 위해 햄버거용 패티로 소고기 대신 지렁이를 사용한다는 소문이었습니다. 구체적으로 남미에서 지렁이를 대량으로 수입하고 있다고 수입국을 지목했습니다. 익히기 전의 햄버거 패티 색깔이 불그스레한 이유는 지렁이를 갈아 넣었기 때문이라는 소문이 사람들의 입을 타고 미국 전역으로 삽시간에 퍼져 나갔습니다.

그동안 맥도날드는 햄버거용 패티를 만들면서 가격이 저렴한 소고기 잡육을 사용했습니다. 소고기는 부위 별로 가격 차이가 심한데 꽃등심이나 갈비는 매우 비싸지만, 도살한 소를 해체하고 남은 부위를 모은 잡육은 값이 매우 저렴합니다. 소고기 잡육에 비해 지렁이는 최소 10배 이상 비싸서 음식 재료로 사용할 이유가 없습니다. 게다가 지표면 오염으로 인해 남아 있는 지렁이 개체도 많지 않아 소고기를 대체할 수 없습니다.

맥도날드는 TV와 신문 등의 매체를 활용해 '우리 햄버거에는 지렁이가 들어있지 않습니다.'라는 문구를 선보이며 시중에 떠돌고 있는 소문이 사실이 아님을 적극적으로 알렸습니다. 또한 고객을 안심시키기 위해 햄버거 생산 과정을 상세히 공개했습니다. 제조 과정 중 지렁이를 식재료로 사용하지 않는다는 것을 증명하려고 한 것이지요. 미국 정부도 맥도날드 햄버거에 대해 실시한 식품안전검사 결과를 공개하며 지렁이와 무관함을 알렸습니다.

그런데 맥도날드가 모든 언론매체를 동원해 지렁이가 사용되지 않았음을 대대적으로 홍보할수록 사람들의 머릿속에서는 맥도날드 햄버거와 지렁이가 강하게 연결되면서 기분이 께름칙해졌습니다. 국민 대부분이 지렁이가 사용되지 않았다는 것을 알고 있었음에도 무의식적으로 지렁이가 떠올라 맥도날드 햄버거를 사 먹으려고 하지 않았습니다. 이로 인해 햄버거의 판매량이 줄어든 맥도날드는 매출감소를 피할 수 없었습니다.

뒤늦게 맥도날드는 지렁이 버거 소문에 대응하려면 지렁이와 관련된 언급을 하지 말아야 한다는 사실을 깨달았습니다. 이후 햄버거 대신 감자튀김 등의 다른 메뉴를 광고하여 가까스로 위기에서 벗어났지만 그해 매출감소는 30% 이상이었습니다. 지렁이버거 파동은 창업 이후 해마다 큰 폭의 매출 신장을 하고 있던 맥도날드에 처음으로 불어닥친 큰 시련이었지만 이듬해 다시 예전의 매출을 회복하면서 위기를 탈출했습니다.

'햄버거에 장난감 끼워 팔기'라는 문제점

미국의 패스트푸드 업체는 해마다 수십억 달러나 되는 많은 돈을 광고비로 지출합니다. 이들의 주요 목표 중 하나가 바로 어린이입니다. 하루 종일 텔레비전 앞에 앉아 있는 미취학 아동들에게 집중적인 마케팅을 펼칩니다. 어린이들은 해마다 4만 개 이상의 광고에 노출되고 있습니다. 그중에 절반 정도가 햄버거, 피자, 탄산음료 등 정크푸드 광고입니다. 아이들은 객관적인 사실과 광고를 잘 구별하지 못하기 때문에 성인에 비해 광고 효과가 훨씬 좋습니다.

패스트푸드 업체는 아이들을 매장으로 불러들이기 위해 매장에 놀이터를 마련하기도 합니다. 유럽의 복지국가에 비해 정부 차원의 복지제도가 빈약한 미국은 아이들을 위한 공공 놀이시설이 턱없이 부족한데, 패스트푸드 업체는 이를 노리고 매장에 다양한 놀이기구를 갖추고 아이들을 끌어들입니다. "놀이 공간은 아이들을 모으고, 아이들은 부모를 데려오고, 부모는 돈을 가져온다."라는 말이 유행할 정도로 어린이를 끌어모으기 위해 혈안이 되어 있습니다.

놀이 공간과 더불어 장난감은 아이들을 불러들이는 좋은 수단입니다. 패스트푸드 업체는 미국의 유명한 장난감 회사로부터 연간 10억 개 이상의 장난감을 구매하는 최대의 고객입니다. 이들은 매장을 찾는 아이들이 햄버거를 구입할 경우 조그만 장난감은 서비스 차원에서 공짜로 줍니다. 하지만 돈이 될 만한 장난감은 유료로 판매해 추가 수입을 올립니다.

패스트푸드 매장에 가면 장난감을 얻을 수 있다는 광고를 접한 아이들은 부모를 졸라 햄버거 가게로 달려가고, 이를 이용해 패스트푸드 업계는 매출을 크게 늘릴 수 있습니다. 실제로 장난감 광고가 나가는 기간에는 평소보다 두 배 이상의 매출을 올리는데, 아이들을 돈벌이 대상으로 악용한다는 비판은 면치 못하고 있습니다. 또한 주로 플라스틱 재질로 만들어지는 장난감들은 환경오염을 일으키는 주범으로 인식되고 있습니다.

이러한 인식의 흐름은 세계적인 것입니다. 일부 국가에서는 매출 증대를 위해 어린이를 이용하는 프랜차이즈 업계의 꼼수를 몰아내려는 움직임을 보이고 있습니다. 2019년 뉴질랜드의 맥도날드에서는 플라스틱 장난감 대신 어린이에게 작가 로알드 달의 책을 지급하기도 했습니다. 같은 해에 영국에서는 당시 9세와 7세이던 매큐언 자매가 패스트푸드 매장에 비치된 플라스틱 장난감을 퇴출시키자는 서명 운동을 벌여 수십만 명의 참여를 이끌어내기도 했습니다.

비만과의 전쟁

비만은 개인적 문제를 넘어 국가적 문제입니다. 뚱뚱해지면 고혈압, 당뇨병, 암, 심장병 등 각종 성인병에 걸리기 쉬워 공공의료 보험의 재정난을 부추깁니다. 또 근로자의 생산성을 떨어뜨려 국가경쟁력을 약하게 만듭니다. 이처럼 비만 인구의 증가는 많은 문제를 일으키기에 각국 정부는 비만 방지를 위해 노력을 기울입니다.

2011년 덴마크는 세계 최초로 비만세를 도입해 포화지방이 함유된 식품에 일정액의 세금을 부과했습니다. 비만세 도입 직후 버터 30%, 과자류 8% 등 포화지방을 함유한 상품의 가격이 일제히 올랐습니다. 정부는 비만을 유발하는 제품의 가격이 상승하면 소비가 줄어들어 이 문제가 해결되리라 판단했습니다. 하지만 현실은 달랐습니다. 비만세가 부과된 식품의 가격이 큰 폭으로 오르자 서민들은 고통받았고 관련 산업의 일자리가 줄어서 실업률이 높아지는 등 부작용이 발생했지요. 덴마크 정부는 예상치 못한 부작용으로 나라 경제가 흔들리고 민심이 나빠지자 비만세를 실행 1년 만에 폐지했습니다.

성인 인구 3명 가운데 2명이 과체중인 미국은 비만 인구가 1억 명이 넘기 때문에 이로 인해 크고 작은 사회문제가 계속 발생하고 있습니다.

2010년 2월 초고도 비만 환자인 할리우드 영화감독 케빈 스미스 Kevin Smith는 샌프란시스코에서 로스앤젤레스로 가는 사우스웨스트 항공기에 올랐습니다. 그런데 승무원이 그를 보자마자 당장 내리라고 요구하는 바람에 어쩔 수 없이 비행기에서 내려와야 했습니다. 항공사 입장에서는 체중이 많이 나가는 승객을 태우면 연료비가 더 들고 비상사태가 발생할 경우 비만 승객이 통로를 막아 다른 승객의 생명

미국인의 비만에 한몫하는 패스트푸드

을 위태롭게 만들 수 있다고 주장합니다.

　케빈 스미스는 언론에 사우스웨스트 항공사의 비인간적인 조치에 대한 불만을 토로했습니다. 그는 언론과의 인터뷰에서 "나는 어떤 규칙도 위반하지 않았고 비행기의 안전에 위협이 되는 어떤 행동도 하지 않았다."라고 주장하며 억울함을 호소했습니다. 미국 전역의 수많은 비만 환자가 극렬히 항의하자 사태의 심각성을 깨달은 사우스웨스트 항공사는 케빈 스미스에게 사과했습니다. 비만 문제가 심각하지 않은 나라에서 보면 한낱 해프닝에 불과할 수 있지만 미국에서는 비만으로 인한 갈등이 계속 생겨나고 있습니다.

　영토가 광활한 미국에서 사람들은 장거리 이동시 주로 항공기를 이용합니다. 그런데 가장 많은 승객이 이용하는 이코노미석은 의자의 폭이 좁아서 몸집이 큰 사람이 탈 경우 옆 좌석의 공간을 침범합니다. 결국 비만 승객의 옆자리에 앉은 사람은 탑승 시간 내내 불편을 겪을 수밖에 없습니다. 항공사마다 매년 비만 승객 때문에 불편을 겪은 사람들의 항의성 민원이 수백 건 접수되고 있습니다.

일부 항공사는 일정한 체중을 초과하는 사람은 두 개의 좌석을 예약하도록 강제하지만 체중이 많이 나가는 사람에 대한 인격 모독이 될 수 있습니다. 비만이 계속해서 사회 갈등의 원인으로 작용하자 2000년대 이후 미국은 비만과의 전쟁을 선포하며 비만을 줄이기 위해 노력하고 있습니다.

1960년대 초반 미국 남성의 평균 몸무게는 75kg, 여성은 64kg이었습니다. 2010년이 되자 비만 인구가 폭발적으로 증가하면서 남성은 87kg, 여성의 평균 몸무게는 74kg이 되었습니다. 국민의 비만을 줄이기 위해 미국은 패스트푸드에 세금 부과를 시도하고 있지만 별다른 성과를 올리지 못하고 있습니다. 캘리포니아, 뉴욕, 앨라배마, 루이지애나, 미시시피, 테네시 등에서도 햄버거, 탄산음료 등 건강을 위협하는 식품에 비만세 부과를 주 정부 차원에서 추진하려고 했지만 제조업체와 소비자의 극심한 반발로 제대로 시행조차 하지 못하고 흐지부지되기 일쑤였습니다.

가난할수록 비만율이 높은 미국의 현실에 비추어 볼 때 비만세는 가난한 사람들에 대한 과세가 되기 때문에 형평성에 어긋납니다. 미국 내에서 비만율이 높기로 유명한 앨라배마, 테네시, 루이지애나주는 빈곤율 역시 최고 수준으로, 비만과 빈곤이 동의어나 다름없음을 여실히 보여주고 있습니다. 또 이들 주는 흑인 비율이 높기도 한데, 결국 비만세는 미국 내에서 가장 가난한 인종인 흑인들에게 가장 큰 부담을 지우게 됩니다. 패스트푸드 업체 역시 비만세 부과를 막기 위해 정부를 상대로 다양한 형태의 로비활동을 벌이기 때문에 비만세 부과 정책은 성공하기 어렵습니다.

미국의 패스트푸드 업체는 사업을 확장하기 위해 수단과 방법을 가리지 않는 것으로 유명합니다. 1980년대 로널드 레이건 대통령이 '작은 정부'를 내세우며 교육 예산을 대폭 줄이자 미국 전역의 공립학교는 심각한 재정난에 시달렸습니다. 이에 코카콜라와 펩시콜라가 학교에 거액의 기부금을 약속하며 음료수 독점판매권을 획득했습니다.

세계적인 콜라 회사가 연간 1억 달러 넘는 거액의 기부금을 내면서까지 경쟁적으로 중·고등학교에 콜라 자동판매기를 설치한 것은 학생들의 입맛을 사로잡는 것이 장기적으로 회사에 큰 이익이 되기 때문입니다. 10대 시절에 길들여진 입맛은 나이가 들어도 좀처럼 바뀌지 않기에 두 회사는 음료수 독점판매권을 얻기 위해 돈을 쏟아부었고 이는 시간이 흐르자 성공적인 마케팅으로 증명되었습니다. 미국인은 연간 200리터 이상의 탄산음료를 마시는데 이는 소득수준이 비슷한 유럽인에 비해 2~3배나 많은 양입니다.

빅맥으로 물가 수준 측정하기

맥도날드로 상징되는 미국의 패스트푸드는 큰 성공을 거두었습니다. 미국은 물론 입맛이 까다롭기로 유명한 프랑스에서도 성공을 거두었고 아시아, 아프리카 등 전 세계에 미국식 음식 문화를 선보였습니다.

맥도날드 햄버거는 세계 경제를 설명하는 도구로 활용되기도 합니다. 맥도날드의 최고 인기 상품인 빅맥 햄버거는 각국의 물가수준을 측정하는 척도로 사용되고 있습니다. 세계 120여 개국에 퍼져 있는 맥도날드의 모든 매장에서 동일한 품질의 빅맥을 판매하기 때문에 각국의 물가수준을 비교해 보기에 적합합니다. 만약 미국에서 4달러에 판매되는 빅맥이 중국에서 2달러에 판매된다면 미국의 물가는 중국에 비해 두 배가량 비싸다고 볼 수 있습니다.

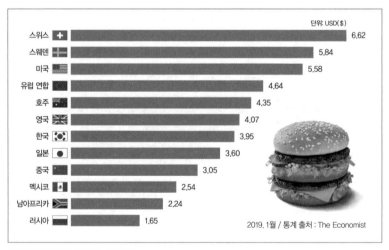

각국의 경제지표로 사용되는 빅맥지수

또 빅맥을 통해 각국 노동자의 구매력을 측정해 볼 수도 있답니다. 나라마다 빅맥 한 개를 사기 위해 일해야 하는 노동시간이 다릅니다. 최저임금을 기준으로 덴마크는 16분에 불과하지만 아프리카의 빈곤 국가 시에라리온은 무려 136시간을 일해야 햄버거 한 개를 겨우 손에 넣을 수 있습니다.

미국에서 맥도날드는 경기를 가늠해 볼 수 있는 지표로 사용됩니다. 미국 경제가 불황일 경우 지갑이 얇아진 소비자들은 음식 가격이 상대적으로 저렴한 패스트푸드를 많이 먹기 때문에 맥도날드의 매출이 증가합니다. 반면에 경제가 호황일 경우 사람들은 구태여 몸에 좋지 않은 패스트푸드보다는 웰빙 음식을 찾기 때문에 맥도날드의 매출은 감소하는 경향을 보입니다.

재미있는 것은 맥도날드가 미국에서는 가난의 상징이나 다름없지만 가난한 나라에서는 부의 상징이라는 점입니다. 5~6달러 수준인 맥도날드 햄버거 가격이 미국에서는 저렴한 편이지만 아시아, 아프리카 등의 나라에서는 결코 적은 돈이 아닙니다. 따라서 맥도날드는 어느 정도 구매력이 있는 나라에서만 매장을 엽니다. 경제 개발이 한창인 개발도상국에서는 맥도날드가 매장을 낼 경우 '이제 우리도 먹고살 만한 나라가 되었다.'라고 생각하기도 합니다.

또한 맥도날드 매장이 있는 나라들끼리는 전쟁이 거의 일어나지 않는다는 점을 주목해 볼 필요가 있습니다. 맥도날드가 매장을 여는 나라는 구매력이 있는 중산층이 제법 두꺼운 나라입니다. 경제적으로 안정된 중산층은 한순간에 모든 것을 잃게 되는 전쟁에 극구 반대하기 마련입니다. 국민의 여론에 영향을 받는 정치인은 국민의 의사에 반하는 전쟁을 함부로 일으킬 수 없습니다.

패스트푸드와 독과점 산업

100여 년 전 미국은 산업의 각 분야에서 절대적인 영향력을 행사하던 극소수 기업들의 천국이었습니다. 철강왕 카네기, 석유왕 록펠러, 철도왕 밴더빌트 같은 사람들이 해당 산업을 지배하면서 이들이 만든 기업에 의해 모든 것이 결정되었습니다.

소고기나 감자 같은 먹을거리 시장에서도 극소수의 기업이 유통시장을 지배하자 농민들은 큰 고통을 당했습니다. 독과점 기업은 이윤을 극대화하기 위해 농민에게 터무니없이 낮은 대가만을 지급했고, 농민의 삶은 한없이 고달팠습니다. 이 같은 독과점으로 인한 문제가 19세기 후반 내내 미국 사회를 괴롭혔지만, 당시 백악관을 차지하고 있던 어떤 대통령도 문제를 해결하려고 들지 않았습니다.

1901년 권좌에 오른 시어도어 루스벨트 대통령은 독과점 문제를 해결하지 않으면 경제력 쏠림 현상이 더해지고, 이는 미국 경제의 건전성을 해치게 될 것이라 판단해 개혁에 나섰습니다. 루스벨트는 독과점 기업에 철퇴를 내려 그동안 숱한 문제를 일으켜 왔던 거대 기업을 여러 개의 작은 회사로 쪼개는 성과를 올렸습니다.

루스벨트 이후 집권한 우드로 윌슨 역시 독과점 기업 해체에 나섰습니다. 이에 따라 오랜 기간 소고기 유통업계를 쥐락펴락한 거대 정육 업체들이 힘을 잃게 되었습니다. 소고기 시장에서 독과점 기업이 사라지자 수많은 중소기업이 그 자리를 대체하면서 수요와 공급의 변화에 따라 자연스럽게 소고기 가격이 결정되었습니다. 이로 인해 소를 키우는 목장주는 제값을 받을 수 있게 되었고 생활 형편은 이전보다 한결 나아졌습니다.

　1950년대 레이 크록이 동네 햄버거 가게에 불과하던 맥도날드를 세계 최대 프랜차이즈 업체로 키우면서 다시 부의 쏠림 현상 문제가 불거지고 있습니다. 1960년대에 맥도날드는 미국 내 170여 개의 크고 작은 정육 회사로부터 골고루 소고기를 사들였습니다. 하지만 오늘날에는 몇몇 초대형 정육업체와 거래하고 있습니다. 맥도날드 입

초대형 패스트푸드 업체 등장 이후 수입이 줄어든 목축업자

장에서는 3~4개의 초대형 정육업체와 거래하는 것이 170여 개의 업체와 거래할 때보다 모든 면에서 유리합니다. 대량구매를 통해 매입 단가를 낮출 수 있고 이전보다 소고기 공급업체를 관리하기도 쉬워 이와 관련된 비용을 줄일 수 있습니다.

하지만 소를 키우는 목장주는 선택의 여지가 줄어들면서 대형 정육업체가 정하는 값에 육우를 넘겨야 합니다. 패스트푸드 산업이 커질수록 목장주, 감자 재배 농민 등 원재료를 공급하는 사람들은 가난해지는 소득 양극화 문제가 심각해집니다. 100여 년 전 당시 5대 정육업체의 시장점유율은 50% 남짓이었지만 지금은 4대 정육 업체의 시장점유율이 80%를 넘을 정도로 독과점 상태가 심각합니다.

감자 역시 세 개의 업체가 유통시장을 장악하며 농민을 옥죄고 있습니다. 미국 사람들은 주로 감자를 구워 먹거나 삶아 먹었는데 맥도날드는 감자를 썰어 기름에 튀겨서 햄버거와 함께 팔았습니다. 그런데 감자튀김을 대량으로 만들기란 쉬운 일이 아니었습니다. 일손을 들여 매장에서 일일이 감자를 깎고 규격에 맞게 썰어야 했기 때문입니다. 게다가 감자는 공기를 만날 때 색깔이 금방 갈색으로 변합니다. 이 같은 불편을 해소하기 위해 맥도날드는 3~4개 업체로부터 냉동감자를 사들였습니다.

3~4개 업체로부터 냉동감자를 사들이면서 맥도날드는 시간과 비용을 절약할 수 있게 되었지만 농민은 감자를 헐값에 냉동감자 제조업체에 넘겨야 했습니다. 이로 인해 적자를 감당하지 못한 농민은 자

신의 땅을 농업 기업에 처분하고 농촌을 떠나거나 일당을 받는 농업 노동자로 전락했습니다. 이처럼 패스트푸드 산업이 비대해지면서 수많은 문제가 생겨났지만, 과거 시어도어 루스벨트나 우드로 윌슨처럼 독과점 문제를 해결하려는 대통령이 나타나지 않았기 때문에 농민의 삶을 궁핍하게 만드는 독과점 문제는 해결될 기미조차 보이지 않고 있습니다.

미국 사회의 그늘진 단면

패스트푸드 업계는 오늘날 미국 사회가 처한 현실을 가장 극명하게 보여주는 곳입니다. 패스트푸드 업체마다 전 세계에 매장을 두고 있어도 미국만큼 영업이 잘되는 나라는 거의 없습니다. 맥도날드가 미국에서 큰 성공을 거둔 이유 중 하나는 미국이 치열한 경쟁 사회라는 점입니다. 미국과 함께 선진국의 한 축을 이루고 있는 유럽의 경우 상대적으로 경쟁이 덜해 사람들은 천천히 점심을 먹을 수 있습니다.

북유럽 복지국가의 국민은 정규직, 비정규직 가릴 것 없이 정당한 노동의 대가를 받고, 은퇴 후에는 기본적인 의식주 정도는 충분히 해결할 수 있을 만큼의 퇴직 연금을 받을 수 있습니다. 반면 노동자에 대한 보호가 취약하고 복지제도가 미비한 미국에서는 유럽인보다 더 많이 일해야만 치열한 경쟁에서 살아남을 수 있습니다. 이로 인해 한가롭게 식사할 여유가 없기에 패스트푸드 문화가 발달할 수밖에 없습니다.

미국 사회가 바빠질수록
잘 팔리는 패스트푸드

　미국의 1인당 국민소득은 매우 높지만 골고루 잘사는 것이 아니기
에 가난한 사람들은 끊임없이 패스트푸드를 먹고 있습니다. 몇몇 맥
도날드 경영진이 수백만 달러에 이르는 고액 연봉을 받으며 돈방석
에 앉을 때 절대다수의 종업원은 인간다운 생활이 불가능할 정도로
낮은 임금을 받고 일합니다. 패스트푸드 산업뿐만 아니라 다른 분야
에서도 비슷한 현상이 발생하고 있습니다.

　1950년대 맥도날드가 등장하기 이전까지만 하더라도 단순 업무를
하는 근로자도 충분한 임금을 받았습니다. 자동차왕 헨리 포드는 표
준화된 단순 업무를 끊임없이 반복하는 근로자들에게도 충분한 임
금을 주어 그들이 몇 달만 일하면 포드자동차를 살 수 있는 구매력을
갖게 했습니다. 포드를 비롯한 대기업이 종업원에게 충분한 임금을
지급하자 중산층이 늘어나면서 미국 경제는 호황을 누렸습니다.

이에 반해 맥도날드를 비롯한 패스트푸드 업계는 법정 최저임금만 주면서 사람의 힘을 이용하기 때문에 이들 업체가 잘되면 잘될수록 가난한 사람이 늘어나는 기형적인 구조가 형성되었습니다. 미국 사회의 치명적인 약점인 극심한 빈부 차이를 논할 때마다 맥도날드가 언급될 만큼 맥도날드와 패스트푸드 업체는 미국의 어두운 면을 적나라하게 보여주는 상징이 되었습니다.

★

다가오는
배양육 시대

미국은 1인당 패스트푸드 소비량에서 압도적 1위를 차지한다. 이로 인해 수많은 미국인이 성인병에 시달리고 있다. 또 막대한 양의 소고기 수요를 맞추기 위해 미국에서만 1억 마리 이상의 소가 사육되면서 극심한 환경문제가 발생했다. 오로지 식탁에 오르기 위해 길러지는 소의 비참한 일생이 사람들에게 널리 알려지면서 고기를 먹는 일이 즐거운 일만은 아니게 되었다. 동물권 보호 단체들이 육식 반대 시위를 벌이는 등 적지 않은 사람들이 동물복지를 위해 나서고 있다.

역사가 시작된 이래로 채식주의자들은 늘 존재해 왔다. 종교적 윤리적 신념 때문에 고기를 먹지 않는 경우가 대부분이다. 특히 살생을 금지하는 불교나 자이나교의 영향을 받는 국가에서 채식주의자들의 비율이 높게 나타난다. 동물을 폭력적인 방법으로 죽이면 자기 자신에게 나쁜 업이 쌓인다고 믿는 인도인이 대표적인 예이다.

모든 채식주의자들이 동물성 식품 전체를 거부하는 것은 아니다. 식물성 식품만 먹는 경우도 있지만 붉은 고기 이외의 조류, 어류, 유제품, 달걀은 섭취하는 사람도 있다. 그런가 하면 유제품 이외의 고기류는 먹지 않는 사람도 있다. 육류를 선호하는 인류의 입맛을 위해 동물들이 비인도

기존의 고기를 대체할 배양육

적으로 사육되고 도살되는 것은 슬프고 안타까운 일이다. 그러나 전세계
모든 사람이 채식주의자가 되기를 바랄 수만도 없는 것이 현실이다.

2000년대 들어 바이오 기술을 활용한 배양육이 등장하면서 기존 육류
산업의 문제점을 해결할 수 있는 길이 열렸다. 배양육은 소의 근육에서
채취한 줄기세포를 영양분이 담긴 배양액에 넣어 일정 기간 키운 인공
고기를 의미한다. 실험실 온도를 37℃로 유지하고 충분한 양의 영양소가
공급되면 소의 줄기세포는 몇 주 동안 두께 1mm, 길이 2.5cm의 근육 섬
유로 자라 식용으로 사용할 수 있다.

배양육은 소의 줄기세포를 성장시켜 만들어 냈기 때문에 콩 단백질을
주재료로 하여 만든 식물성 고기보다 진짜 고기의 맛에 더 가깝다. 다만

개발 초기의 배양육은 단백질로만 이루어져 사람들의 입맛을 사로잡지 못했다. 진짜 소고기는 단백질 성분인 살코기 이외에도 부드러운 맛을 더해 주는 지방이 뒤섞여 독특한 풍미를 자아낸다. 이에 반해 초기의 배양육은 퍽퍽한 느낌을 주는 단백질만 있어 식감이 떨어질 수밖에 없었다.

배양육 개발업체들이 식감 문제를 해결하기 위해 여러 가지 궁리 끝에 찾은 해결책은 지방조직을 배양하는 것이었다. 그들은 지방조직을 배양해 단백질과 섞어 기존 고기와 비슷한 배양육을 만들어 냈다. 지방을 첨가하면서 배양육의 맛과 풍미가 어느 정도 기존의 고기를 따라잡을 수는 있었지만 비싼 가격이라는 또 한 가지 문제점이 남아 있게 되었다. 아직 배양육의 생산원가는 기존 육류의 생산원가에 비해 크게 높아 가격 경쟁력을 갖추지 못한 상태다. 그러나 기술 발전이 거듭될수록 배양육의 생산원가가 크게 낮아지고 있어 상업화는 시간문제로 받아들여지고 있다.

전문가들은 2020년대에 들어서면 배양육의 상용화가 시작되어 2040년대에 이르면 진짜 고기보다 더욱 많이 팔리게 될 것으로 예측한다. 만약 가까운 미래에 인공 고기인 배양육이 기존 고기를 대체한다면 이는 인류의 식생활에 가장 극적인 변화를 가져오게 된다. 20세기 이후 세상은 하루가 다르게 빠른 속도로 발전했지만 고기를 얻기 위해 동물을 키우고 도축하는 일들은 변하지 않았다. 오히려 인구가 폭발적으로 늘면서 이에 비례해 더욱 많은 고기가 필요하게 되자 소나 돼지 같은 동물들의 처지가 매우 열악해졌다.

고기를 공장에서 물건 찍어 내듯이 생산할 수 있게 되면 인류는 고기를 먹기 위해 동물의 생명을 해치지 않아도 된다. 또 축산업으로 인한 심각한 환경오염에서 해방될 수 있다. 배양육은 광우병이나 항생제 남용 등 기존의 소 사육 과정에서 발생하는 여러 가지 문제에서 벗어날 수 있어 안전하다. 이처럼 장점이 많은 배양육은 지금 당장은 아니더라도 수십 년 내에 기존의 육류 시장을 대체하면서 인류에게 새로운 식문화 시대를 열어 줄 것이다.

4장

낭비를 멈추지 못 하는

소비 왕국

세계 최대의 소비국

미국은 중국, 인도에 이어 세 번째로 인구가 많은 나라입니다. 인구 1억 명이 넘는 나라는 미국 외에도 인도네시아, 브라질, 파키스탄, 나이지리아, 방글라데시, 러시아, 일본, 멕시코, 필리핀, 에티오피아 등 10여 개국이 있지만 이들 국가 중 선진국에 도달한 나라는 미국과 일본밖에 없습니다. 특히 미국은 인구가 3억 2천만 명이 넘으면서도 1인당 국민소득이 10위 권 안에 드는 부유한 나라입니다.

아시아의 싱가포르나 홍콩처럼 인구가 수백만 명에 불과한 나라는 산업 분야에서 한두 가지 경쟁력만 확보하고 있어도 잘살 수 있습니다. 그러나 인구가 1억 명이 넘어설 경우 선진국이 되기 위해서는 다양한 고부가가치 산업이 골고루 발전해야 하는데 이는 쉽지 않은 일이지요.

세계 최대의 경제 규모를 자랑하는 동시에 1인당 국민소득 면에서도 손에 꼽을 정도로 잘사는 나라에 사는 만큼 미국인들은 해마다 엄청난 천연자원과 제품을 소비합니다. 미국 정부의 통계에 의하면 미국에서 갓 태어난 아기는 대부분 1회용 기저귀를 사용하는데 생후 30개월 동안 대략 3,800개 정도 사용합니다. 1회용 기저귀는 사용하기에 편리하지만 많은 자원을 필요로 하고 생산하는 과정이 매우 복잡합니다.

미국에서 태어난 한 명의 아기가 사용할 3,800개의 기저귀를 만들기 위해서는 나무 4그루 반을 잘라 만든 펄프와 석유 950리터, 플라스틱 324kg이 필요합니다. 미국에서 1년 동안 소비되는 기저귀는 180억 개 이상으로, 버려진 기저귀가 땅속에서 완전히 분해되는 데 최소 500년 이상의 시간이 필요해 아이의 일생보다 훨씬 오랜 시간 지구에 남습니다.

미국인들은 1년에 대략 84리터의 우유를 먹습니다. 아이스크림, 요구르트, 케이크, 커피 등 다양한 식품에도 우유가 꼭 들어갑니다.

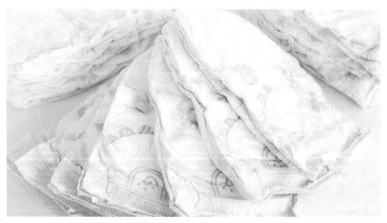

환경오염을 유발하는 기저귀

미국 전역에는 6만 5천여 개의 젖소 농장이 있습니다. 농장의 전체 면적은 대한민국의 영토보다 넓을 정도로 광대합니다. 1,000만 마리에 가까운 젖소가 농장에서 사육되고 있는데, 한 마리의 젖소는 하루 24리터 안팎의 우유를 생산하기 위해 매일 45kg의 풀과 사료를 먹습니다.

미국은 1인당 육류 소비량에서도 세계 1위를 달립니다. 미국인은 일생 소 5마리2.5톤, 돼지 6마리1.7톤, 닭 1,420마리2.3톤가량을 먹습니다. 육류가 많이 소비되는 이유는 햄버거 패티의 주재료이기 때문이기도 하고 정원에 불을 피워 고기를 구워 먹는 바비큐 문화가 발달해 있어서이기도 합니다. 또 매일 2억 1천만 개 정도의 달걀을 먹는데 이를 위해 2억 5천만 마리 이상의 암탉이 사육됩니다.

미국 사람들이 추수감사절 기간에 먹는 칠면조는 연평균 2억 마리 이상으로 엄청난 수입니다. 추수감사절이라는 명절을 위해 수많은 칠면조가 한꺼번에 죽임을 당하는 것을 안타깝게 생각한 역대 미국 대통령들은 해마다 추수감사절을 앞두고 특별한 행사를 마련하고 있습니다. 도살처분을 앞둔 수많은 칠면조 중 한 마리를 선택해 특별사면령을 내립니다. 2015년 버락 오바마 대통령은 "미국은 다시 한 번 기회를 주는 나라"라고 말하며 '정직'Honest과 '에이브'The Abe라는 이름의 칠면조 두 마리에게 자유를 주기도 했습니다. 특별사면을 받은 행운의 칠면조는 농장으로 돌아가 죽음의 공포 없이 편안한 여생을 보낼 수 있습니다.

미국은 먹을거리뿐만 아니라 에너지, 생활용품 등 거의 모든 제품을 세계 최고 수준으로 소비하는 소비 대국입니다.

성인 한 사람당 자동차 한 대를 가진 나라

미국 사람들은 유난히 큰 집과 큰 자가용을 선호해 지나치게 많은 에너지를 소비합니다. 이들은 개인주의 성향이 강해 공동주택보다는 잔디 정원이 딸린 단독주택을 선호합니다. 아파트 같은 공동주택은 윗집과 아랫집이 난방하면서 서로 온기가 전달되어 난방비를 크게 줄일 수 있습니다. 하지만 단독주택은 독자적으로 난방해야 해 에너

잔디 정원이 딸린 단독주택을 선호해 에너지가 많이 소비되는 미국식 주택

지를 많이 사용할 수밖에 없는 구조입니다.

자가용도 마찬가지입니다. 유럽이나 한국, 일본은 지하철, 버스 등 대중교통 수단이 발달해 굳이 자가용을 사지 않더라도 편리하게 원하는 곳까지 갈 수 있습니다. 웬만한 사람들은 대중교통으로 출퇴근을 하며, 자가용을 사더라도 연료비 절약을 위해 소형차 위주로 구매합니다. 그러나 미국은 선진국이지만 지하철이나 버스 노선이 많지 않아 자가용 없이는 살기가 매우 불편합니다.

미국은 땅덩어리가 넓고 사람들이 흩어져 살고 있어 대중교통망을 구축하기가 쉽지 않습니다. 뉴욕이나 로스앤젤레스 같은 대도시에는 지하철이 놓여 있지만 중소도시만 해도 버스조차 구경하기 쉽지 않습니다. 공공시설을 국가가 소유하는 나라들과 달리 민영화의 나라인 미국에서는 지하철도 개인 소유인 까닭에 수익을 낼 수 없는 지역에는 설치되지 않기 때문입니다.

이와 같이 열악한 대중교통 때문에 웬만한 집은 성인 수만큼 자가용을 보유하고 있습니다. 미국에는 2억 2천만 대 이상의 자가용이 있는데 이는 운전을 할 수 있는 사람 수와 비슷한 수입니다. 전 세계 인구에서 미국인이 차지하는 비율은 5%에 불과하지만 세계 자동차의 3분의 1 이상이 미국에서 운행되고 있습니다. 게다가 소형차보다는 중대형 자동차를 선호하기 때문에 에너지 낭비 현상이 발생하고 있습니다.

또한 미국의 휘발유 가격은 다른 나라에 비해 매우 저렴해 자가

다른 선진국에 비해 저렴한 미국의 유가

용 문화를 부추기고 있습니다. 독립 이전부터 조세저항*이 심했던 미국 사회에서는 정부가 휘발유에 적은 세금을 붙이기 때문에 부담 없는 가격에 휘발유를 살 수 있습니다. 이에 반해 유럽에서는 휘발유에 높은 세금을 부과합니다. 연료 가격이 비쌀 경우 사람들은 꼭 필요한 경우를 제외하고는 차를 움직이지 않기 때문에 유럽 각국은 환경을 위해서 의도적으로 휘발유에 높은 세금을 물립니다.

이와 같이 부실한 대중교통망과 잘못된 에너지 정책으로 인해 미국은 휘발유 과소비 사회가 되었습니다. 미국 사람들은 일생 1인당

---

* 세금을 내지 않으려는 저항.

부족한 버스나 지하철을 대신해 도로를 가득 메운 자가용

12만 리터나 되는 휘발유를 소비합니다. 한 사람당 연간 1만 7천km 정도 차량을 운행하며, 평생 100만 km가 넘는 거리를 운전하는데 이는 지구를 20바퀴 이상 돌 수 있는 먼 거리입니다.

　미국은 휘발유 소비뿐만 아니라 전기 소비량 역시 세계 최고 수준을 기록하고 있습니다. 도난 사고가 빈번한 미국에서는 도둑이 드는 것을 방지하기 위해 밤새 불을 켜두는 경우가 허다합니다. 또 식기세척기를 이용하는 집이 많은데 몇 개 안 되는 그릇도 식기세척기에 넣고 돌리는 것을 당연하게 생각하지요. 세탁기 역시 건조 기능이 포함된 것을 선호합니다. 빨래를 세탁기 안에서 건조하려면 많은 양의 전기가 필요합니다. 겨울에는 전기로 작동되는 온풍기와 라디에이터를 주로 사용합니다. 가정용 전기요금이 저렴하고 대부분의 가전제품이

전력으로 작동되기 때문에 미국인의 전기 소비량은 좀처럼 줄어들지 않습니다.

교토의정서를 따르지 않는 일회용품의 천국

유럽과 미국에서 산업혁명이 한창이던 1820년대, 선진국 과학자들은 지표면 온도가 조금씩 높아지는 현상에 관심을 가졌습니다. 과학자들은 화석연료가 연소할 때 발생하는 이산화탄소, 메탄 등이 지구온난화의 원인이라는 점을 발견하고 이를 '온실가스'라고 불렀습니다. 가정과 공장에서 지나치게 많이 배출한 온실가스가 대기권에 머무르면 지구로 유입되는 태양열이 대기권 밖으로 제대로 빠져나가지 못하는데, 이를 '온실효과'라고 합니다. 과학자들은 현재와 같은 속도로 지구온난화가 계속되면 인류에 큰 위기가 찾아오게 될 것이라고 경고했지만 당시에는 이를 귀담아듣는 사람이 많지 않았습니다.

오늘날 기승을 부리고 있는 지구온난화는 화석연료를 많이 사용하는 국가, 그 중에서도 20세기 내내 세계 최대의 산업생산 국가였던 미국의 책임이 가장 큽니다. 2007년 중국이 미국을 제치고 온실가스 배출국 1위 자리에 오르기 전까지 미국은 지난 100여 년 동안 세계에서 가장 많은 온실가스를 배출한 나라였습니다.

미국에서는 하루 평균 6천만 개 이상의 플라스틱 용기가 쓰레기로 배출되고 1억 개 이상의 알루미늄 캔이 그대로 버려집니다. 가정에서

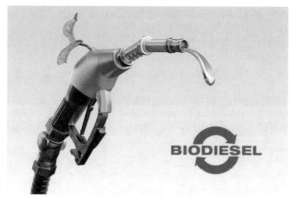

유럽에서 각광받는
환경친화적 바이오디젤

분리수거를 하려고 해도 재활용 트럭이 오는 곳이 드뭅니다.

유럽에서는 쓰레기 분리수거 제도가 잘 정착되어 알루미늄, 종이 등 재활용이 가능한 폐품은 쓰레기가 아닌 자원으로 인식되고 있습니다. 환경보호에 앞장서는 독일의 경우 가정에서 발생한 폐식용유까지 분리수거해 바이오디젤*을 만드는 원료로 사용합니다.

미국 사람들의 폐품 재활용에 대한 의식 수준은 유럽인에 비해 한참 떨어져 분리수거가 제대로 되지 않는 주州가 훨씬 많습니다. 이로 인해 얼마든지 재활용할 수 있는 폐품이 그대로 땅속에 묻히게 되고 이는 한정된 자원의 고갈로 이어집니다. 게다가 일회용품을 만드는 데는 엄청난 에너지가 필요한데 이를 위해 미국에서는 화석연료를 사용하는 발전소를 운영하고 있습니다. 자동차 역시 막대한 양의 화석연료를 낭비하면서 온실가스를 대량으로 만들어 내고 있습니다.

---

* 식물성 기름과 동물성 유지 등 재생 가능한 자원을 원료로 하여 만든 무공해 연료

이처럼 미국의 가정, 공장, 화력 발전소, 자동차 등에서 해마다 배출되는 막대한 양의 온실가스는 지구온난화를 가속화시킵니다. 하지만 미국은 자국의 이익을 내세우며 지구온난화 문제해결을 위해 별다른 조치를 하지 않았습니다.

그런데 1979년 미국국립과학아카데미NAS의 저명한 과학자들이 지구온난화 문제의 심각성을 알리는 보고서를 발표하면서 전 세계에 큰 반향을 불러일으켰습니다. 만약 지금과 같은 속도로 지구온난화가 진행될 경우 극지방의 빙하가 녹아내려 수백 년 내에 대부분의 지표면이 바닷물에 잠길지 모른다는 끔찍한 예측이었습니다. 이를 계기로 세계 각국은 지구온난화를 막기 위해 머리를 맞대었고, 1988년 '기후 변화에 관한 정부 간 협의체IPCC'가 조직되었습니다.

1992년 브라질의 리우데자네이루에서 세계 각국이 지구온난화를 막기 위해 노력한다는 합의에 이르면서 환경을 지키기 위한 국제사회의 공조가 시작되었습니다.

1997년 각국 대표는 일본 교토에 모여 이전의 '리우회의'보다 진일보한 합의를 이루는 데 성공했습니다. 교토에 모인 각국 대표는 미국을 비롯한 37개 선진국을 중심으로 온실가스 배출 감축을 약속했는데 이를 '교토의정서'라고 합니다. 37개국이 2008년부터 2012년까지 온실가스 배출량을 1990년 수준보다 5.2% 줄이기로 합의하면서 사상 최초로 지구온난화 방지를 위한 행동에 나섰습니다.

지구의 평균기온은 단 1℃만 오르더라도 북극의 빙하가 녹아내리

1997년 일본 교토에서 열린 환경오염 방지 대책 회의에 참석한 각국 대표들

면서 해수면이 상승해 생태계를 위협합니다. 3℃가 오르면 35%나 되는 생명체가 지구상에서 사라지고, 4℃가 오르면 남극의 빙붕까지 녹아내리며 해안 인접 도시는 전부 수몰됩니다. 또 시베리아 동토층 밑에 있는 막대한 규모의 탄소가스가 지표면을 뚫고 나오게 되면서 기온은 더욱 빠른 속도로 상승하게 되지요. 5℃가 오르면 남극과 북극의 빙하가 모두 녹아 내륙 깊은 곳까지 바닷물이 침투해 인류가 살 수 있는 지역은 줄어들게 됩니다. 6℃가 오르면 땅과 바다의 생물 중 95%가 전멸하고 인류 역시 살아남을 수 없게 되어 종말을 맞이하게 됩니다.

지구온난화로 인한 피해는 먼 훗날의 일이 아니라 이미 여러 지역에서 발생하고 있습니다. 남태평양의 섬나라 투발루는 세계에서 네

이상고온현상으로 사라지는 만년설

점점 줄어드는 시베리아의 영구동토층

지구온난화로 사라질 위기에 처한 투발루

번째로 작은 나라로서 9개의 섬으로 구성되어 있습니다. 투발루의 1인당 연간 온실가스 배출량은 0.5톤 정도로, 20톤이 넘는 미국의 40분의 1수준입니다. 1990년대 이후 미국을 비롯한 수많은 국가가 배출한 온실가스로 지구가 더워지면서 해수면이 빠르게 상승하자 엉뚱하게도 공장 하나 없는 투발루가 회복 불가능한 피해를 받게 되었습니다.

북극 빙하가 녹으면서 해수면이 상승하자 평균 해발고도가 3m에 불과한 투발루가 바닷물에 잠기기 시작해 이미 세 개의 섬이 사라졌습니다. 나머지 섬도 바닷물이 수시로 침범하면서 더는 농사를 지을 수 없게 되었고 지하수도 오염되어 마실 물조차 부족하게 되었습니다.

문제의 심각성을 인식한 투발루는 세계 각국에 온실가스 배출 감소를 요청했지만 호응을 얻지 못했습니다. 2001년 투발루는 국민의 생명을 지키기 위해 국토 포기 가능성을 알리며 이웃 국가들에 이민을 받아달라고 호소했습니다. 소중한 터전이 물에 잠겨 집들이 사라지고 먹고 살 거리를 마련하기조차 막막해졌기 때문입니다. 투발루 국민은 인류 최초의 환경 난민이라는 절박한 처지가 되었지만 호주, 피지 등 인근 국가들은 이들을 받아들이기를 꺼립니다.

이와 같이 지구온난화 문제는 현재 진행형으로서 많은 사람에게 악영향을 미치고 있습니다. 지난 100여 년간 세계 온실가스 배출량의 20%가량을 차지한 미국은 이에 대한 책임이 가장 크지만 2011년에 교토의정서를 따르지 않기로 결정했습니다.

미국 의회는 교토의정서의 비준을 거부했으며 조지 W. 부시 대통령 역시 온실가스 배출을 감소할 생각이 전혀 없다고 말함으로써 전 세계의 비판을 받았습니다. 오히려 부시 대통령은 향후 20년 동안 미국의 화석연료 소비량은 지금보다 석유 33%, 천연가스 50%가 늘어날 것이라고 예상하며 안정적인 에너지 물량 확보가 더욱 중요한 일이라고 선언했습니다. 이를 위해 부시 대통령은 이 시대의 전 지구적 흐름을 거스르고 알래스카 야생동물 보호구역에서의 석유 채굴을 허용하는 정책을 펼쳐 많은 사람으로부터 빈축을 사기도 했습니다.

그런데 이민자의 나라 미국은 해마다 세계 각처에서 수많은 이민자가 쏟아져 들어와 인구가 계속해서 큰 폭으로 늘어나고 있습니다.

이에 따라 에너지 소비량 역시 상승할 수밖에 없는 구조입니다. 이에 미국은 현실적으로 교토의정서에 서명할 처지가 아님을 주장하게 된 것입니다.

미국인 1인당 온실가스 배출량은 20톤 이상으로 세계 평균인 6톤에 비해 세 배 이상 많으며, 같은 선진국인 독일이나 프랑스보다도 두 배 이상 많습니다. 온실가스를 줄이려면 지금까지 누려왔던 미국식 라이프 스타일을 포기해야 하는데, 지구를 지키기 위해 단독주택과 대형 승용차를 포기할 미국 국민은 많지 않습니다. 결국 미국 정부는 국민의 뜻을 받들어 교토의정서를 따르지 않기로 했습니다. 이렇게 되자 각국의 노력은 허사가 되고 말았습니다.

블랙프라이데이 폭탄 세일의 유혹

1620년 종교적 자유를 찾아 메이플라워호를 타고 미국 땅에 발을 내디딘 청교도가 마주친 현실은 참혹 그 자체였습니다. 이주 첫해에 혹독한 추위, 풍토병, 굶주림 등으로 많은 사람이 목숨을 잃었습니다. 이듬해 아메리카 인디언으로부터 옥수수 등 토착 곡물을 재배하는 방법을 배워 곡식을 거둘 수 있었던 청교도들은 인디언과 함께 추수의 기쁨을 나누었습니다. 이들은 자신들이 믿는 신에게 감사의 뜻을 표현하기 위해 예배를 드렸고 이날을 '추수감사절Thanksgiving Day'이라고 불렀습니다.

이후 청교도를 비롯해 수많은 사람이 미국으로 이주해 오면서 추수감사절의 규모가 계속해서 커졌습니다. 1789년 초대 대통령 조지 워싱턴은 추수감사절을 국가적 기념일로 선포했지만 주마다 기념하는 날짜는 제각각이었습니다. 19세기 초 무렵부터는 대부분의 주에서 11월 마지막 목요일을 추수감사절로 정해 각종 기념행사를 치렀습니다.

1863년 에이브러햄 링컨 대통령은 11월 마지막 주 목요일을 추수감사절로 정한 후 이를 연방 공휴일로 지정했습니다. 추수감사절은 기독교 행사일이기 때문에 미국 헌법이 규정한 정치와 종교의 분리 원칙상 연방 공휴일로 규정되기 쉽지 않았습니다. 하지만 기독교 신

추수감사절 식탁 위에 올라오는 칠면조 구이

자였던 링컨은 끝까지 밀어붙여 이날을 공휴일로 만들었습니다. 이후 1941년 프랭클린 루스벨트 대통령이 추수감사절을 11월 넷째 주 목요일로 정한 것이 지금까지 이어지고 있습니다.

추수감사절 당일인 목요일부터 일요일까지 4일간의 연휴 기간 각지에 흩어져 있던 가족들이 한 자리에 모입니다. 오랜만에 모인 가족들은 기념일 당일에 칠면조 구이, 호박파이, 으깬 감자 등을 함께 먹으며 오붓한 시간을 보냅니다. 추수감사절 다음날인 금요일이 되면 수확한 농작물을 팔아 지갑이 두둑해진 가족들이 쇼핑하러 다니면서 시간을 보냅니다.

20세기 들어 미국이 산업 국가로 변모하게 되자 수확한 농산물에 대한 감사의 표현인 추수감사절의 의미는 퇴색되어 갔습니다. 하지만 일 년에 한 번 온 가족이 함께하는 명절로서의 명맥은 유지됐습니다. 1990년대 이후 백화점, 대형 할인매장 등 미국의 유통업체들은 추수감사절을 시작으로 크리스마스와 신년으로 이어지는 한 달 남짓한 기간을 연중 최대의 쇼핑시즌으로 만들었습니다. 그로 인해 이 기간에 엄청난 소비 활동이 이뤄지게 되었습니다.

추수감사절 다음날인 매년 11월 넷째 주 금요일을 '블랙프라이데이Black Friday'라고 부르는데 이날 유통업체들은 상상을 초월하는 폭탄세일을 펼치며 소비자들의 구매 욕구를 불러일으킵니다. 세계 최대 할인매장을 가진 월마트는 이날 음료수, 과자 등 수십 달러어치의 상품을 하나로 묶어 단돈 1달러에 파는 행사를 벌입니다. 또한 1,000달러가 넘는 최신 노트북을 500달러에 파는 한정 판매를 하기도 하는데, 이를 위해 소비자들은 전날부터 문밖에서 노숙합니다. 겨울철이라 상당히 춥지만 값싼 제품을 사려는 사람들은 텐트를 치고 노숙하는 일을 마다하지 않습니다.

이외에도 고가여서 쉽게 구입할 수 없는 텔레비전, 태블릿 PC, 스마트폰 등 다양한 전자제품을 절반 가격으로 살 수 있어 미국 사람들에게 블랙프라이데이는 결코 그냥 넘어갈 수 없는 날입니다. 소비자들은 이날 대량으로 구매한 비누, 치약, 샴푸, 휴지 등 생활필수품을 집에 잔뜩 쌓아놓고 쓰는 것이 훨씬 경제적이라고 생각하지요. 또한 평소 갖고 싶었던 노트북, 스마트폰 등 고가의 전자제품을 절반 가격으로 살 기회를 잡을 수 있어 블랙프라이데이가 오기만을 기다립니다.

블랙프라이데이를 시작으로 크리스마스-신년으로 이어지는 쇼핑 시즌을 '홀리데이 시즌'이라고 부르는데 이 기간에 6,300억 달러 이상의 소비가 이뤄집니다. 이는 미국에서 1년 동안 소비되는 금액의 20%에 해당합니다.

사고로 얼룩진 블랙프라이데이

11월 마지막 금요일을 '블랙프라이데이'라고 부르는 데는 나름대로 이유가 있습니다. 미국 사람들은 수입보다 지출이 많아서 적자를 볼 경우 장부에 레드잉크 red ink 를 사용해 기록하고, 흑자를 내면 블랙

잉크black ink를 사용합니다. 그런데 11월 마지막 금요일이 되면 그동안 팔리지 않던 상품이 단번에 팔려나가 흑자로 돌아서면서 장부에 블랙 잉크로 기록할 수 있으므로 블랙프라이데이라고 부르게 되었습니다.

미국의 유통업체들은 블랙프라이데이에 대박을 터트리기 위해 1년 동안 철저히 준비합니다. 유통업체가 판매 상품을 행사 당일 절반 이하의 가격으로 팔기 위해서는 물건을 납품하는 제조업체와의 협력이 필수적입니다.

행사 당일 월마트 등 미국의 대형 유통업체들은 텔레비전, PC 등 다양한 상품을 대량으로 준비합니다. 한 달이 넘는 홀리데이 시즌 중 블랙프라이데이 단 하루만 연중 최저가로 판매하기에 소비자들은 블

미국 최대의 소비가 이루어지는 블랙프라이데이

랙프라이데이에 열광합니다. 게다가 블랙프라이데이는 이제 세계인의 쇼핑 행사가 되었습니다. 2000년대 이후 인터넷으로 상품을 편리하게 살 수 있게 되었기 때문입니다. 지구 반대편에 있는 사람도 클릭 몇 번이면 원하는 상품을 구매할 수 있게 되면서 블랙프라이데이는 세계 글로벌 기업들의 승부처가 되고 있습니다.

그런데 폭탄 세일이 단 하루밖에 안 되다 보니 물건을 사려는 사람들 사이에 충돌이 일어나기 쉽습니다. 블랙프라이데이를 기다리는 소비자는 중산층 이하의 사람들로 경제적으로 여유롭지 않은 경우가 많습니다. 따라서 유통업체는 손님을 끌기 위해 할인 폭이 큰 미끼상품을 한정된 수량으로 내놓는데, 이를 차지하기 위한 경쟁이 치열합니다.

오전 6시 문이 열림과 동시에 사람들은 마치 100m 달리기를 하는 것처럼 상품을 향해 돌진합니다. 이 과정에서 다치는 사람도 속출하고 물건을 차지하기 위해 고객끼리 싸우는 경우도 허다해 매장 안에는 경찰이 배치됩니다.

2008년 월마트의 한 매장에서는 2,000여 명의 고객이 한꺼번에 매장으로 들어오는 바람에 직원 한 사람이 밟혀 숨을 거두는 사고가 발생했습니다. 또 캘리포니아의 한 대형 장난감 판매장에서는 서로 상품을 차지하기 위해 주먹질을 벌이던 중 한 사람이 총을 꺼내 상대방을 쏴 죽이는 일이 벌어지기도 했습니다. 이처럼 미국식 자본주의의 최대 축제일이라고 불리는 블랙프라이데이에 해마다 크고 작은 사고가 발생하면서 이를 비판하는 사람이 늘어나기 시작했습니다.

아무것도 사지 않는 날

1992년 캐나다의 예술가 겸 광고인 테드 데이브Ted Dave는 블랙프라이데이를 '아무것도 사지 않는 날Buy Nothing Day'로 선언하고 사람들에게 동참하기를 권했습니다. 유능한 광고 제작자였던 데이브는 자신이 만든 광고가 사람들로 하여금 무엇인가를 끊임없이 소비하게 만든다는 사실에 회의감을 느끼고 있던 중이었습니다.

테드 데이브는 블랙프라이데이를 두고 "천박한 자본주의가 총연출하고 월마트 같은 유통업체들이 화려하게 꾸며 놓은 무대 위에 유혹에 약한 소비자들이 엑스트라로 대거 등장하는 블랙코미디이다."라는 비판을 서슴지 않았습니다. 그는 소비가 미덕인 자본주의 사회의 소비중독 현상에서 벗어나기 위해 1년 365일 중 블랙프라이데이

아무것도 사지 않는 날

하루만이라도 소비하지 말자는 운동을 시작했습니다.

이 캠페인은 얼마 후 미국에 상륙해서 의식 있는 수많은 사람에게 호응을 얻었습니다. 이들은 블랙프라이데이에 아무것도 사지 않으면서 스스로 돌아보는 기회를 가집니다. 내가 사려는 물건이 가난한 나라 어린이들의 노동착취로 만들어진 것은 아닌지, 물건을 만들기 위해 얼마나 많은 자연이 훼손되었는지, 선진국 기업들이 상품이나 원료를 사면서 개발도상국 사람들과 공정한 거래를 했는지 등 우리 주변에서 발생하는 여러 가지 문제를 생각해 보는 시간을 갖습니다.

캐나다에서 시작된 '아무것도 사지 않는 날'은 미국을 거쳐 유럽, 일본 등 선진국을 중심으로 수많은 나라에서 추진되고 있습니다. 우리나라에서도 1999년부터 '녹색연합'이라는 단체가 주축이 되어 다양한 행사를 벌이며 무분별한 소비문화에 대해 성찰할 것을 제안합니다.

세상을 위한 프리건의 아름다운 실천

1990년대 중반 미국과 유럽을 중심으로 자본주의의 물질만능주의와 소비지상주의에 반대하는 프리건freegan이 등장했습니다. 프리건은 '자유롭다free'와 '채식주의자vegan'의 합성어입니다. 대부분의 채식주의자는 고기를 안 먹는 선에 그치지만 비건vegan은 엄격한 채식주의자로 달걀, 우유, 가죽제품 등 동물과 관련된 모든 제품을 사용하지 않는 사람들을 의미하지요. 스스로 프리건이라 부르는 사람들은 해마다 생산되는 식료품의 30~40%가 버려진다는 사실에, 먹을 수 있는 빵이나 채소류를 쓰레기통에서 주워 먹는 운동에 나섰습니다.

프리건은 한 해 버려지는 음식 13억 톤 중 일부만 줄여도 지구상에 굶어 죽는 사람을 없앨 수 있다는 신념 아래 쓰레기통을 뒤집니다. 이들은 먹을 것을 찾기 위해 쓰레기통을 뒤지지만 거리의 노숙자가 아니며 경제적 능력이 부족한 사람도 아닙니다. 대부분 대학교육을 받은 고학력자이고 펀드매니저, 교사, 대기업 사원 등 미국 사회에서 선망받는 직업을 가진 사람이 많습니다.

때때로 언론을 통해 프리건의 활동이 소개되는데 이를 지켜보는

쓰레기통에서 찾아낸 먹을 수 있는 음식물

시청자들은 먹을 수 있는 음식이 레스토랑이나 슈퍼마켓에서 버려지는 것을 볼 수 있습니다. 신선한 식품을 판매하는 슈퍼마켓은 법 규정상 유통기한이 지난 식품을 무조건 버립니다. 이로 인해서 먹는 데 전혀 지장이 없는 식품도 대량으로 버려지고 이것은 음식물 쓰레기로 땅속에 매장되어 환경오염 문제를 일으킵니다. 아프리카나 아시아의 빈민들은 빵 한 조각이 없어 굶어 죽을 때 미국, 유럽 등 선진국에서는 매일 엄청난 양의 음식물이 버려지는 것이 오늘날 지구촌의 현실입니다.

미국의 대도시를 중심으로 수만 명의 프리건이 활동하자 슈퍼마켓이나 레스토랑 등 음식물을 버리는 업소 중 상당수는 프리건용 쓰레기통을 따로 만드는 배려를 해주기도 합니다. 이러한 업체들의 배려

음식 재활용에 앞장서는 프리건

덕분에 프리건은 이전보다 쉽게 음식물을 구할 수 있게 되었습니다. 독일의 경우 정부 차원에서 공공 냉장고를 곳곳에 설치해 여름철에도 음식이 부패하지 않도록 배려합니다.

프리건은 도시의 버려진 건물에 거주하며 옷이나 가구 등 생활에 필요한 최소한의 물품만을 소유합니다. 또 웹사이트를 만들어 생활 필수품을 물물교환하는 등 가능하면 적게 소비하기 위해 노력합니다. 가난한 나라의 노동력을 착취해 배를 불리는 악덕 기업 제품에 대한 활발한 불매운동을 벌이며 제값을 주고 개발도상국 상품을 구매하자는 공정무역 운동에 앞장섭니다. 이와 같이 미국의 프리건이 극도로 검소한 생활을 실천하는 것은 전 세계 개발도상국들이 미국처럼 되지 않기를 바라기 때문입니다.

대다수의 미국인이 더 많은 것을 갖기 위해 노력할 동안 프리건은 자연환경, 더 나아가 인류의 유일한 터전인 지구를 생각해 최소한의 소비를 실천하고 있습니다. 뉴욕에 1만 4,000명 정도 사는 것으로 추산되며, 음식을 쓰레기통에서 조달하는 일 이외에도 이동할 때 걷기나 자전거 타기를 실천하고 흠이 있어 버려진 물건을 사용하는 등 자원과 에너지를 절약하는 일에 앞장섭니다.

소비 권하는 사회

미국 경제에서 소비가 차지하는 비중은 70%를 넘습니다. 소비가 경제를 지탱하다 보니 소비침체는 곧 미국 경제의 위기를 의미합니다.

세금 감면의 혜택을 주며
소비를 장려한
조지 W. 부시 대통령

　2001년 9·11테러가 발생하자 조지 W. 부시 대통령은 소비 수준을 유지함으로써 극심한 경제 침체를 막자고 국민에 요청했습니다. 부시 대통령은 '소비가 곧 애국'이라는 말을 쓰면서까지 소비의 중요성을 강조했고 금리를 계속 내려 경기가 나빠지지 않도록 했습니다. 이자가 낮아지자 사람들은 앞다퉈 은행 돈을 빌렸고 이 돈으로 부동산 투기에 나섰으며 마음껏 소비를 즐겼습니다.

　미국인의 과소비에는 기업의 상술이 큰 몫을 차지했습니다. 1인당 평균 4개의 신용카드를 사용하는 미국에서는 당장 현금이 없더라도 얼마든지 물건을 구매할 수 있습니다. 기업도 이 점을 적극적으로 활용해 장기 할부로 제품을 팝니다. 자동차나 전자제품 등 고가의 상품을 광고할 때 기업들은 소비자가 매월 부담해야 하는 할부금액을 표기해 줍니다. 이를테면 2,000만 원짜리 자동차를 구매할 경우 60개월로 나눠서 구입하면 소비자의 월 부담액은 33만 원에 불과하다는 문구를 광고에 넣어 소비자를 유혹합니다.

장기 할부로 제품을 구입하면 당장 목돈이 들지는 않지만, 문제는 너무 많은 것들을 산다는 데 있습니다. 집, 대학 등록금, 가전제품, 가구 등을 장기 할부로 산 미국인들은 평생 빚에서 벗어나기가 어렵습니다. 구매력이 뒷받침되지 않는 과소비로 인해 미국 경제는 반복적인 경제 위기를 겪어야 했고 2008년 부동산 버블 붕괴로부터 촉발된 경제 위기는 미국을 넘어 전 세계로 전파되었습니다.

미국 사람들이 과소비 문화를 반성해 소비를 줄인다고 해도 문제는 남아 있습니다. 전 세계에서 생산되는 제품의 20%가량이 소비되는 세계 최대 시장이기 때문입니다. 미국의 소비자가 지갑을 닫으면 그 충격파가 큽니다. 우선 제조업으로 먹고사는 중국, 한국 등 아시아의 수많은 근로자가 일자리를 잃게 되고 소비할 여력이 없어집니다. 상점이나 식당 등 자영업자들도 문을 닫을 수밖에 없습니다. 이렇듯 경기가 나빠지면 악순환의 고리는 계속 연결되어 경제 대공황이 발생할 수도 있습니다. 미국인들이 상품을 소비해야만 미국 경제도 살고 세계 경제도 사는 것이 오늘날의 현실입니다.

★

소비가 신분을 말하는
미국 사회

미국에는 슈퍼리치가 세계에서 가장 많다. 슈퍼리치는 그들만의 소비 문화가 따로 있다. 중국 등의 신흥부국과 달리 부가 축적된 기간이 오래된 그들은 우선 사는 집부터 보통 사람과 다르다. 미국인들은 보통 집의 가치를 매길 때 방과 화장실의 개수를 따지는데, 슈퍼리치의 집에는 수십 개의 방이 있고 방마다 화장실이 딸려 있다. 대저택에 살면서 정원사, 가사도우미, 요리사, 운전기사, 베이비시터 등 온갖 사람들을 고용한다. 슈퍼리치는 손님들을 집으로 초대해 파티를 여는 경우가 많아 가구 하나를 들이더라도 세심한 주의를 기울인다.

또 가족 수보다 더 많은 자동차를 보유하고 있으며 자가용 비행기를 가지고 있는 이들도 많다. 미국의 공항마다 자가용 비행기를 쉽게 볼 수 있는데 미국에는 개인 소유의 비행기를 가질 만큼 큰 부자가 많다는 것을 보여주는 것이기도 하다.

슈퍼리치는 물건을 살 때도 명품이나 최고급 제품만을 취급하는 그들만의 백화점을 애용한다. 슈퍼리치를 위한 최고급 백화점은 물건을 파는 가게라기보다는 예술품 전시장 같은 느낌을 줄 만큼 화려한 실내 장식을 자랑한다. 특이한 점은 한겨울에도 수영복 등 여름 상품을 판매하는데 이는 겨울이 되면 이들이 추위를 피해 따뜻한 남쪽 카리브해로 휴가를 떠나기 때문이다. 반면에 중산층은 코스트코나 월마트 같은 대형할인 매장이나 중산층용 백화점을 이용한다. 대형할인 매장에서는 괜찮은 품질의 제품을 대량으로 저렴하게 판매해 손님을 끌어모은다.

음식을 소비하는 것도 재력에 따라 다르다. 슈퍼리치는 유기농으로 재배한 채소나 과일을 많이 소비하고 고기보다는 생선을 선호한다. 부자들은 먹는 음식이 정갈한 만큼 비만이나 성인병에 시달리는 사람이 적다. 가난한 사람들은 햄이나 감자튀김 등 고열량 냉동식품을 많이 먹는다. 미국에서 가난할수록 비만 비율이 높은 것은 식생활 때문이다.

외식 장소 역시 빈부 차이를 엿볼 수 있는 좋은 공간이다. 미국, 하면 청바지에 T셔츠를 연상할 만큼 자유분방한 모습을 떠올리지만 슈퍼리치의 세계에서는 영국 신사 못지않게 격식을 추구한다. 이들이 이용하는 최고급 레스토랑은 오랜 전통을 자랑하는 곳이 대부분이고 정장을 입지 않으면 입장조차 불가능할 정도로 예의를 중시한다. 레스토랑 내부는 먼지 하나 찾기 힘들 정도로 깨끗하며 식당마다 대표메뉴가 있다. 맥도날드나 햄버거 매장을 이용하면 몇 달러에 한 끼를 해결할 수 있지만 최고급 식당에서는 아무리 적게 잡아도 100달러 이상 내야 하기에 돈이 없으면 드나들 수가 없다.

슈퍼리치의 자녀들이 다니는 학교 역시 일반인과는 확연히 구분된다. 그들은 일찍부터 독립심을 갖게 하고 좋은 인맥을 만들 수 있도록 자녀들을 값비싼 사립 기숙학교에 보낸다. 사립학교에서 양질의 교육을 받은 부유층 자녀들은 명문대학에 진학해 학벌을 중시하는 미국 사회에서 남보다 한 걸음 앞서 나가게 된다. 미국에는 태어날 때부터 물려받는 신분이 존재하지 않는다. 그 대신 소비가 그 사람의 사회적 신분을 말해준다.

5장

문화도 즐기고 일도 하는

미국 반려견들

인간의 품으로 들어온 늑대

　개가 언제 처음으로 인간 세상에 들어왔는지 정확히 알 수는 없지만 그 조상이 늑대라는 데는 별다른 이견이 없습니다. 지금으로부터 대략 1만 5천 년 전 늑대 무리 중 일부가 인간에게 스스로 다가왔다고 합니다. 당시는 인간이 농경 생활을 하면서 한곳에 머물러 살던

개의 조상격인 늑대

때였지요. 인간과 늑대는 함께 살면서 서로 돕기 시작했습니다. 늑대는 마을을 지키고 인간과 함께 사냥을 나갔습니다. 인간은 먹을 것과 안식처를 제공했습니다.

원래 늑대는 육식동물이었지만 인간과 함께 살면서 잡식동물로 바뀌어 고기뿐 아니라 인간이 재배한 곡물을 소화할 수 있도록 바뀐 결과 오늘날의 개가 되었습니다. 늑대를 조상으로 둔 개는 인간과 음식만 공유한 것이 아니라 오랫동안 공존하면서 마음도 공유하는 능력을 가져 다른 동물에 비해 각별한 대우를 받고 있습니다.

인간과 함께 살게 된 개는 다른 동물에 비해 외모도 비약적으로 진화했습니다. 무섭게 생긴 늑대의 모습은 점차 사라지고 인간이 좋아하는 온화한 형태로 바뀌어 갔습니다. 반려견 중에 사람의 마음을 사로잡는 귀여운 외모를 가진 개가 많은데, 이는 인간에게 선택받은 개체가 살아남아 자손을 낳기 때문입니다.

개의 지능 또한 급속도로 향상되었습니다. 웬만한 생활언어를 상당 부분 이해하고 있으며 뛰어난 능력을 지닌 개는 1,000여 개의 단어를 구분하기도 합니다. 이들은 말의 짜임, 접속어, 감탄사 등을 구분할 정도로 영리합니다. 이는 IQ 80 정도인 돌고래와 비슷한 수준입니다. 또 개의 뇌는 인간의 뇌와 비슷하게 진화하여 인간의 희로애락을 공감할 수 있습니다. 개를 기르는 기쁨 중의 하나가 개로부터 받는 위로인데 이는 오랜 세월 서로를 길들여 왔기 때문입니다.

나라마다 다른 개들의 삶

전 세계에 흩어져 사는 개의 운명은 각국의 경제적·문화적 환경에 따라 결정됩니다. 가난한 나라의 개는 인간과 함께 굶주림에 시달리며 삽니다. 특히 북한에서 개는 멸종 위기에 몰릴 만큼 개체 수가 감소하고 있습니다. 소득수준이 낮고 개를 식용으로 삼는 데 거부감 없는 문화가 한몫했을 것입니다.

이슬람교는 종교적 차원에서 개를 금기시하고 있습니다. 이슬람법에 따르면 개는 정결하지 못한 동물입니다. 몇 가지 전설이 있지만 이슬람에서 개를 천시하는 이유 중 하나는 사람의 죽음과 관련된 이야기가 전해지고 있어서입니다. 과거 중앙아시아 일부 지역에서는 사람이 죽으면 그 영혼이 빨리 사후 세계에 갈 수 있도록 개에게 시신을 먹이는 풍습이 있었습니다. 이러한 풍습의 영향으로 이슬람과 중

인간의 보살핌을 못 받은 채 길거리에 방치된 개

앙아시아 등지에서 개는 매우 불결한 동물로 여겨집니다.

두 번째 전해지는 이야기는 이슬람교를 창시한 아랍의 예언자 마호메트와 관련이 있습니다. 마호메트가 박해를 피해 동굴에 숨었을 때 개 한 마리가 계속 짖어대 발각될 뻔했다는 것입니다. 개를 금기시하는 마지막 세 번째 이유는 공중보건학적 관점에서 살펴볼 수 있습니다. 중앙아시아와 중동 지역에는 개를 숙주로 한 기생충 감염이 종종 일어난다고 합니다. 그래서 현지 주민들이 개를 기피한다는 설명입니다.

개를 의미하는 아랍어 칼브kalb는 타인에게 욕을 할 때 주로 사용하는 말입니다. 이슬람에서는 개가 핥은 음식은 불결하게 여깁니다. 개 혀가 닿은 그릇은 몇 번이고 씻어야 하며 심지어 모래로 씻어야 제대로 정화된다고 주장하는 이슬람 학자도 있습니다. 개가 들어온 집은 부정하다고 여기고 개를 기르는 집에는 천사가 오지 않는다고 생각합니다. 그래서 예배 도중 개가 회당 안에 들어오면 모든 예배는 자동으로 무효가 되어 다시 시작해야 합니다. 특히 검은 개는 악마와 동일시하여 발견 즉시 죽여야 한다고 주장하는 경우도 있습니다.

이처럼 이슬람 지역에서 살아가는 개는 종교적 박해 때문에 사람들에게 사랑받지 못하고 살다가 쓸쓸히 죽습니다. 실제로 이슬람 국가에서는 거리에서 힘들게 살아가는 개에게 관심조차 주지 않으며 그대로 내버려 두고 있습니다.

태국 등 불교국가에서는 개를 인간의 전 단계로 봅니다. 개가 환생해서 인간이 될 수도, 주변 사람이 죽어서 개의 몸을 입고 태어날 수도 있다고 여깁니다. 열대국가인 태국에서 개들은 낮 동안 길에 누워 잠을 청합니다. 태국의 개라고 해서 마냥 편하게 사는 것은 아닙니다. 떠돌이 개가 많기 때문입니다. 불교 사원에서 거둬 먹이기도 하지만 직접 먹이를 구해야 하는 개들은 사람을 공격하기도 합니다. 태국의 개들은 광견병의 위험으로부터도 자유롭지 못합니다.

반면 미국, 유럽 등지에서 살아가는 개는 인간 부럽지 않은 호사를 누리고 있습니다. 선진국 사람들은 개가 인간과 크게 다르지 않다고 생각하기 때문입니다. 심지어 반려견을 키우던 부부가 이혼할 때 누가 계속 키울지에 대한 양육권 분쟁 소송이 증가하고 있는 추세입니다. 여전히 반려동물을 물건으로 보는 국가들도 많지만, 선진국에서

선진국에서 인간과
가족처럼 지내는 반려견

는 이들을 진짜 가족으로 여깁니다.

각지각처에서 다양한 재능을 뽐내는 개들

인간과 함께 살게 된 개는 각 품종이 가진 재능에 따라 다양한 방식의 삶을 살게 되었습니다. 애완견, 사냥견, 구조견, 썰매견, 시각장애인 안내견, 경찰견, 군견 등 여러 분야에서 일합니다. 수많은 동물 중 유독 개만 직업을 가지고 인간을 돕고 있습니다. 이처럼 개가 인간을 도울 수 있는 것은 개의 뛰어난 선천적인 능력 때문인데 특히 후각 능력은 인간보다 최대 1만 배 이상 뛰어나다고 합니다.

최근 들어 개의 놀라운 후각 능력이 속속 입증되고 있습니다. 특

공중 낙하 훈련 중인 군견

수한 훈련을 받은 개는 인간의 몸속에 있는 암을 찾아낼 수 있습니다. 방광암, 폐암, 피부암, 유방암, 난소암, 대장암 등을 인지하지요. 암환자는 숨을 쉴 때마다 특정한 냄새를 방출하는데 개가 뛰어난 후각 능력을 발휘해 이를 알아채는 것입니다. 개는 현존하는 최첨단 장비로도 찾을 수 없는 초기 암을 순식간에 알아냅니다. 특히 사람의 소변 냄새를 맡아서 전

헬기작전 중인 군견

립선암을 감지하는데 성공률은 90%에 달합니다.

인간은 이미 2,500년 전부터 군사적 목적으로 개를 활용했습니다. 고대 페르시아가 이집트와 전쟁할 때 처음 군견을 투입한 이후 고대 그리스 세계의 스파르타, 로마제국, 중국 등이 개를 전투에 참여시켰습니다. 전쟁터에 나간 개는 물러섬 없이 끝까지 싸우다 장렬하게 전사하기도 했습니다. 현재는 군견을 전쟁에 내보내지는 않지만 대부분의 나라에서 수색 또는 폭발물 탐지를 하며 나라를 지킵니다.

미국의 군견이 되는 과정은 매우 엄격하고 까다롭습니다. 생후 9개월 가량의 혈통 좋은 셰퍼드Shepherd 중에서도 덩치가 좋고 영특하며

미군과 전투에 참여한 군견

힘이 센 개를 예비군견으로 선발합니다. 이후 6개월의 기본교육을 마치고 추가로 7개월간의 특기 교육을 받는 등 오랜 기간 체계적인 훈련 과정을 거칩니다. 훈련견은 장애물 통과나 폭발물 탐지는 물론 헬기에서 줄을 타고 내려오는 강도 높은 훈련을 받습니다.

　모든 과정을 마친 훈련견만 비로소 군견이 되어 자신의 임무를 수행하게 되는데, 군견으로 선발되면 8세까지 활동하다가 퇴역합니다. 이때쯤 되면 후각력과 탐지력이 급격히 감소하기 때문에 현역에서 물러나게 되지요.

　미국에서는 해마다 수백 마리의 군견이 퇴역하는데 이들을 입양하기 위해 평범한 국민이 줄을 섭니다. 국가를 위해 일생을 헌신한 군견에게 행복한 노후를 보장해 주고 싶기 때문입니다.

시각장애인 도우미로 활동하는 리트리버

군견뿐만 아니라 시각장애인 안내견 역시 인간에게 큰 도움을 주는 개입니다. 셰퍼드가 군견의 대명사라면 시각장애인 안내견의 대명사는 리트리버Retriever 종種입니다. 시각장애인 안내견으로 선택받은 리트리버 강아지는 생후 7주 만에 훈련소에 있는 어미와 떨어져 일반 가정으로 1년간 위탁 교육을 떠납니다. 위탁된 강아지는 위탁 교육 기간에 인간과 함께 사는 방법을 터득하는 사회화 과정을 거치게 됩니다. 이 과정을 마치고 성견으로 자란 리트리버는 다시 훈련소로 돌아와 본격적인 시각장애인 안내견 훈련을 받습니다.

이들이 가장 먼저 배우는 것은 시각장애인과 함께 걷는 훈련입니다. 단순히 함께 걷는 훈련이 아니라 앞에 장애물이 있거나 계단을 오르내려야 하거나 또는 방향전환을 해야 할 때 일단 멈추고 주인에게 현재 상황을 알려주는 방법을 교육받습니다. 다음 단계에서는 다양한 상황에서의 대처 방법을 연습합니다. 대중교통을 이용할 때나 식당, 엘리베이터, 도서관, 극장 등 공공시설을 이용할 때 지켜야 할 에티켓을 익힙니다.

마지막 단계에서는 예상치 못하는 상황에 맞닥뜨렸을 때 스스로 문제를 해결하는 능력을 습득하게 됩니다. 이를테면 교통사고 위험과 같은 갑작스러운 상황에서 스스로 안전한 길을 택하는 능력이나 주인의 말을 듣는 것이 위기를 자초할 것으로 예상될 때 명령을 거부하는 것 등을 학습합니다. 이 같은 고난도 과정을 모두 마치고도 실제로 시각장애인 안내견이 되는 확률은 30%도 되지 않을 정도로 실생활에 투입되는 시각장애인 안내견은 특별한 능력을 지니고 있습니다.

하지만 시각장애인 안내견으로서의 삶은 순탄하지 않습니다. 주인을 위해서는 몇 시간이고 밖에서 기다리고 있어야 합니다. 이를 위해 배변을 참다 보니 나이가 들면 방광염에 걸려 소변조차 제대로 보기가 힘듭니다. 또한 주인만을 바라보고 살아야 하기에 어릴 적 강제적인 중성화 수술을 받게 되어 이성에 대한 욕구를 느끼지 못하도록 만들어집니다.

주인을 위해 항상 극도의 긴장 상태를 유지해야 하고 제대로 쉬지 못 하는 안내견들은 일상 속에서 많은 스트레스를 받습니다. 시각장애인 안내견은 태어나서 죽을 때까지 오직 주인에게 헌신하는 둘도 없는 친구이지만 이들 역시 나이가 들어 제 역할을 할 수 없으면 현역에서 은퇴해야 합니다. 운 좋게 새로운 가정에 입양되면 그나마 여생을 편하게 보낼 수 있지만 그렇지 못하는 안내견들은 불행한 최후를 맞게 됩니다.

위험한 곳에서 사람의 생명을 구하는 인명 구조견도 엄격한 훈련 과정을 거쳐 탄생합니다. 구조대원이나 최첨단 장비보다도 먼저 위급한 장소에 투입되는 것이 구조견입니다. 산악구조견, 화재구조견, 수중구조견, 재해구조견 등 많은 개들이 우리가 모르는 사이 맹활약하고 있습니다. 인명 구조견들은 자신의 몸을 돌보지 않고 임무에만 집중하기 때문에 과학자들은 이들을 위한 슈트를 개발하기도 했답니다. 구조견이 입은 특수 슈트를 통해 컨디션을 체크한 후 제때 휴식을 취할 수 있도록 돕는 것입니다.

미국인과 반려견

미국은 전 세계를 통틀어 반려견을 가장 많이 기르고 반려견에 대한 문화나 산업 또한 최고로 발달된 나라입니다. 2019년 미국반려동물산업협회의 자료에 따르면 미국에는 9,000만 마리 이상의 반려견이 있는 것으로 추산됩니다.

반려견을 기르는 가정의 증가와 함께 반려견의 지위도 나날이 향상되고 있습니다. 30년 전만 하더라도 미국인들은 대체로 집 밖에 반려견을 두었지만 요즘은 대부분 집 안에서 돌봅니다. 그중 절반 이상의 반려견이 주인과 함께 침대에서 잘 정도로 특별한 대접을 받고 있습니다. 미국 존스홉킨스 의과대학 연구진에 의하면 13세 이전에 반려견과 함께 살았던 사람들은 성인이 되어 조현병에 걸릴 위험이 24%나 낮다고 합니다. 어렸을 때부터 개를 쓰다듬으며 교감을 나눈 사람들은 정서적으로 안정될뿐만 아니라 염증이 생길 확률이 낮아지고 면역계도 안정된다는 사실이 과학적으로 입증되고 있습니다.

미국 사회에서 반려견은 새, 햄스터 등 다른 반려동물과 달리 인간과 다름없는 존재로 신분이 급격히 향상되고 있습니다. 반려견을 키우는 사람 10명 중 8명은 스스로 자신이 키우는 반려견의 '엄마 또는 아빠'라고 생각합니다. 10명 중 7명은 크리스마스와 같은 명절을 반려견과 함께 보내며 절반 이상은 반려견의 생일에 자녀들과 똑같이 생일 축가를 불러주고 반려견 전용 안전벨트를 설치하는 등 자동차를 구매할 때도 반려견을 위한 편의를 고려하고 있습니다.

주인이 집을 비워 반려견을 돌볼 수 없을 때는 애견호텔에 맡깁니다. 사람이 묵는 호텔 이상으로 숙박비가 비싼 곳도 많지만 애견호텔은 성업 중입니다. 미국에서는 정신과 치료를 받는 반려견도 많으며 우울증을 앓고 있는 반려견을 위한 우울증 치료제가 인기리에 판매되고 있습니다.

1896년부터는 반려견 전용 묘지가 등장하기 시작해 현재는 미국 전역에 수백 군데의 반려견 묘지가 조성되어 있습니다. 인간의 묘지

반려견 전용 묘지

보다 크기는 작지만 비석에 반려견의 모습이 담긴 사진을 넣어 추모합니다. 이처럼 미국에서 반려견은 평범한 동물이 아니라 가족으로서 극진한 대접을 받는 귀한 존재입니다.

닉슨 대통령의 '체커스 스피치'

미국인의 반려견 사랑은 지위 고하를 막론합니다. 역대 미국 대통령은 모두 백악관에 개를 데리고 입성했지요. 대통령의 반려견을 '퍼스트독first dog'이라고 부르는데, 백악관은 퍼스트독에 관한 공식 홈페이지를 개설해 역대 퍼스트독에 대한 자료를 일목요연하게 정리하고 있습니다. 퍼스트독의 혈통, 건강, 습관, 최근 사진 등 모든 정보를

미국인들의 사랑을 한몸에 받는 퍼스트독

공개하는데, 대통령의 일정을 살펴보는 사람보다 퍼스트독의 근황을 살펴보는 사람이 더 많습니다.

대통령의 반려견을 백악관에서 돌보는 데는 여러 가지 이유가 있습니다. 우선 미국인 대다수가 개를 좋아하기 때문에 대통령이 개를 좋아하는 모습을 보임으로써 국민과 교감할 수 있습니다. 세계를 움직이는 지구 최고의 권력자가 자신의 반려견을 돌보는 모습에서 사람들은 인간미를 느낄 수 있습니다. 실제로 퍼스트독은 일반인은 접근조차 할 수 없는 대통령 집무실을 자유롭게 드나들며 백악관 잔디를 마음대로 뛰어다닙니다. 또 대통령이 백악관 텃밭에 심어 놓은 유기농 토마토를 먹기도 하는데 미국인들은 퍼스트독의 이런 모습을 보며 대통령과 백악관에 대해 친근한 감정을 갖습니다.

둘째는 반려견이 대통령에게 정서적 안정감을 주기 때문입니다. 미국 대통령은 막강한 권력을 휘두를 수 있는 위치에 있지만, 백악관이 있는 미국의 정치 중심지 워싱턴 D.C.는 권모술수와 배신이 판을 치는 곳으로 누구도 믿을 수 없는 살벌한 곳이기도 합니다. 정치인은 이해관계에 따라 뭉치고 흩어지지만 반려견은 인간에게 절대적으로 충성하기 때문에 대통령의 친구 역할을 합니다.

실례로 1997년 제42대 빌 클린턴 대통령은 젊은 여성과 추문을 일으켜 미국 사회를 발칵 뒤집어 놓은 적이 있습니다. 부도덕한 사람으로 몰린 클린턴은 워싱턴의 정치인들을 비롯해 퍼스트레이디와 딸에게도 외면당해 고통스러운 나날을 보냈습니다. 이때 백악관 잔디에서 래브라도 리트리버 종의 갈색 반려견 버디Buddy와 쓸쓸히 앉아 있는 모습이 언론을 통해 공개되었는데, 처량한 그의 모습을 보고 그동안 들끓었던 분노가 다소 수그러들기도 했습니다.

제37대 리처드 닉슨 대통령은 반려견을 정치적 도구로 가장 잘 활용한 대통령으로 유명합니다. 1952년 닉슨은 드와이트 아이젠하워에 의해 부통령 후보로 지명되어 대선에 나섰습니다. 하지만 그동안 기업인들에게 불법 정치자금을 받은 사실이 폭로되면서 그의 정치생명은 최대의 위기를 맞게 되었습니다.

빠져나갈 구멍을 찾을 수 없게 되자 닉슨은 TV 연설을 자

닉슨 대통령과 체커스

청했습니다. 그는 유권자들을 향해 "저는 지금까지 정치인으로 살면서 뇌물과는 거리가 먼 삶을 살았습니다. 제가 공짜로 받은 것은 열렬한 지지자로부터 받은 '체커스Checkers'라는 예쁜 강아지밖에 없습니다. 그런데 체커스를 저의 어린 딸이 너무 사랑하기 때문에 저는 선거법 위반인 줄 알면서도 체커스를 돌려주지 못하고 있습니다."라고 말하며 유권자의 감성을 건드렸습니다.

훗날 '체커스 스피치'라고 불린 닉슨의 연설은 큰 호소력을 발휘했습니다. 미국 사회에서 아기와 강아지는 감성을 자극하는 가장 좋은 수단으로서 노련한 정치인 닉슨은 이 점을 적극적으로 활용해 정치적 위기를 모면했습니다. 오늘날에도 미국에서 개를 싫어해서는 대통령 자리에 오르기가 쉽지 않습니다. 개를 싫어할 경우 잃어버리는 표가 너무 많기 때문입니다.

워싱턴 D.C.에서 친구를 만들려면 개를 키우세요

퍼스트독의 역사는 초대 대통령 조지 워싱턴 시절로 거슬러 올라갑니다. 사냥을 좋아했던 워싱턴은 유럽의 사냥개들을 교배시켜 가장 미국적인 사냥개인 아메리칸 폭스하운드 품종을 탄생시키기도 했습니다. 그는 재임 기간에 10여 마리의 애견을 곁에 두었을 정도로 진심으로 개를 사랑하고 가족으로 대한 대통령이었습니다.

제26대 시어도어 루스벨트 대통령은 백악관에 입성하면서 반려견

루스벨트 대통령에게 무한한 사랑을 받았던 팔라

을 비롯해 고양이, 조랑말, 양, 앵무새, 돼지, 오소리, 닭, 쥐, 뱀 등 온
갖 종류의 동물도 함께 데려와 애정을 쏟아 키웠습니다.

제29대 대통령 워런 하딩은 지나칠 정도로 반려견을 사랑해 사람
들의 입방아에 오르내렸습니다. 그는 반려견을 돌봐줄 직원을 채용
하고 대통령이 주최하는 모든 회의에 반려견을 참석시켰습니다. 반
려견의 생일에는 백악관 인근에 사는 반려견들을 백악관으로 초대해
거창한 생일 파티를 열어 주었습니다. 또 기자들에게 자신의 반려견
과 인터뷰를 하도록 요청하기도 했습니다.

제2차 세계대전을 승리로 이끌었던 제32대 대통령 프랭클린 루스
벨트는 미국 대통령 역사상 최고의 애견가였습니다. 그의 반려견은
스코티시 테리어Scottish Terrier*로 이름은 '팔라Fala'였습니다. 이 퍼스트독

---

* 스코틀랜드 원산의 소형 애완견.

은 할리우드 영화에 출연하기도 했을 정도로 인기가 하늘을 찔렀습니다.

팔라는 매주 수많은 팬레터를 받았는데 루스벨트는 이 편지를 모두 읽고 전담비서에게 어떻게 답장을 쓸지 직접 지시했습니다. 팔라에게 날아오는 팬레터가 너무 많아 루스벨트는 일과 중 상당 부분을 답장 작성에 보내야 했습니다. 이 같은 상황을 탐탁지 않게 여기던 공화당은 민주당 출신 루스벨트를 공격할 기회만을 노렸습니다.

1944년 제2차 세계대전이 한창일 때, '루스벨트가 팔라와 함께 알래스카의 알류샨 열도를 방문했다가 실수로 팔라를 두고 백악관으로 돌아왔으며, 이후 군함을 보내 팔라를 데려왔다.'는 소문이 돌았습니다. 시중에 떠도는 소문을 접한 공화당은 "루스벨트가 반려견을 데려오는 일에 해군 구축함을 보내 예산을 낭비했다."라고 하는 등 온갖 비난을 퍼부었습니다. 상심한 루스벨트는 전국으로 생중계된 연설을 통해 "나와 가족을 욕해도 좋지만 팔라 만큼은 욕하지 말아 달라."라고 부탁했습니다. 또한 "내가 자신을 알류샨 열도에 남겨 뒀고 수백만 달러를 써서 다시 데려왔다는 날조된 이야기를 들은 팔라는 매우 분노해 있습니다. 나는 나에 대한 악의적인 거짓말에는 익숙하지만 내 반려견을 중상모략하는 말에는 익숙하지 않습니다."라고 말하며 공화당에 대한 노여움을 멈추지 않았습니다.

1945년 4월 12일, 미국의 4선 대통령이던 루스벨트는 제2차 세계대전이 끝나는 것을 보지 못하고 숨을 거두었습니다. 경제 대공황이라는 절체절명의 위기에서 미국을 구해 내고 제2차 세계대전을 승전으로 이끈 루스벨트가 세상을 떠나자 국민은 실의에 빠졌습니다.

대통령 사후 영부인 엘리노어 루스벨트와 함께 살던 팔라도 7년 뒤에 죽었습니다. 미국인들은 루스벨트가 가는 곳이라면 어디라도 따라간 팔라를 기리기 위해 동상을 만들기로 했습니다.

워싱턴 D.C.의 기념관에 있는 루스벨트 대통령 동상 옆에 팔라의

루스벨트 동상 옆의 팔라 동상

동상을 나란히 세워 둘이서 영원히 함께할 수 있도록 했습니다. 훗날 엘리노어는 "남편이 4번이나 대통령을 지낼 수 있었던 것은 팔라에 대한 그의 지극한 사랑에 국민들이 감동했기 때문"이라 회고하기도 했습니다.

2002년 클린턴의 반려견 버디의 죽음 역시 수많은 국민을 슬프게 만든 사건이었습니다. 클린턴 대통령은 과거 르윈스키와의 추문 때 끝까지 곁을 지켜 준 버디가 교통사고로 죽자 직접 애도 성명을 발표했습니다. 이에 미국 전역 어린이들로부터 추모의 편지가 쏟아져 들어왔고 클린턴은 이를 엮어 한 권의 책으로 출간했습니다. 그해 『퍼스트독에게 보내는 어린이들의 편지』라는 제목으로 출간된 이 책은 베스트셀러에 올라 선풍적인 인기를 얻었습니다.

이에 반해 역대 미국 대통령 중 퍼스트독을 우습게 보다 혼쭐이 난 대통령도 있습니다. 1947년 크리스마스에 제33대 대통령 해리 트루먼은 펠러Feller라는 이름을 가진 반려견을 선물로 받았습니다. 개를 키우고 싶지 않았던 트루먼은 선물로 받은 개를 다른 사람에게 주려고 했습니다. 이 사실이 세상에 알려지자 반려견을 키우는 수많은 사람이 트루먼에게 비난의 편지를 보냈고 앞다투어 자신이 펠러를 입양하겠다고 말했습니다. 펠러 때문에 곤욕을 치르게 된 트루먼은 "워싱턴 D.C.에서 친구를 만들려면 반드시 개를 키우세요."라는 조언을 후임 대통령에게 남겼습니다.

제36대 대통령 린든 존슨 역시 반려견으로 곤욕을 치른 대통령입니다. 그는 백악관에서 장난삼아 퍼스트독의 귀를 잡아당긴 적이 있

클린턴 대통령과 반려견 버디

급작스레 세상을 떠난
버디

었는데 이 사진이 세상에 공개되자 순식간에 '동물 학대자'라는 사악
한 이미지를 갖게 되었습니다. 존슨은 국민의 비난이 빗발치자 사과
했지만 실제로는 누구보다도 개를 사랑했습니다. 7마리의 개를 기른
존슨 대통령은 백악관을 떠날 때나 돌아올 때 항상 자신의 반려견들

조지 부시 대통령과 스팟

과 악수를 했을 정도로 돈독한 관계였습니다.

때때로 퍼스트독은 외교 관계에 이용되기도 합니다. 2004년 2월에 조지 W. 부시의 퍼스트독 스팟Spot이 세상을 떠났습니다. 15년 동안 곁을 지키던 스팟의 죽음으로 실의에 빠져 있던 부시에게 일본 총리 고이즈미는 조의를 표하며 위로했습니다. 이를 두고 일본 내에서는 반려견에게 조의를 하는 것은 미국에 대한 지나친 아첨이라는 비난 여론이 일었지만 애견가였던 고이즈미는 "개를 키워보지 않은 사람은 개를 잃은 사람의 마음을 알 수 없다."라고 맞받아쳤습니다. 결과는 대성공이었습니다. 고이즈미 총리는 부시로부터 어떤 국가원수보다 좋은 대접을 받았고 양국 간의 관계는 역사상 가장 긴밀한 협조 체제를 유지했습니다.

반면 러시아의 대통령 블라디미르 푸틴Vladimir Putin은 부시 대통령의 반려견을 두고 눈앞에서 비난해 양국 간의 분위기를 험악하게 만들기도 했습니다. 푸틴이 백악관을 방문하자 부시는 퍼스트독을 데려와 "우리 가족의 사랑스러운 애견 바니Barney입니다."라고 소개했습니다. 퍼스트독을 한참 들여다본 푸틴은 대뜸 "미국에서는 이런 것도 개라고 부릅니까?"라며 무시했습니다.

훗날 부시가 러시아를 방문하자 푸틴은 자신의 반려견을 데리고 나와 "나의 애견 코니_{Konni}는 당신의 바니보다 크고 더 빠르며 더 강하고 똑똑합니다."라고 자랑을 늘어놓았습니다. 강렬한 카리스마로 오랜 기간 러시아를 철권통치하고 있는 푸틴은 사실 러시아에서 둘째가라면 서러워할 애견가입니다. 침실이건

푸틴의 반려견 코니

집무실이건 가리지 않고 반려견과 함께하며 이런 모습을 국민에게 공개해 마음이 따뜻한 지도자라는 이미지를 심어주려고 합지요. 지난날 백악관을 방문했을 때 부시의 퍼스트독을 무시한 것은 개를 싫어해서가 아니라 무엇이든지 미국에 지고 싶지 않았던 경쟁심 때문이었습니다.

인간화되는 반려견

반려견 사업은 이제 하나의 거대한 산업이 될 정도로 성장했습니다. 미국 사람들이 반려견을 위해 사용하는 돈은 수백억 달러가 넘을 정도로 어마어마한데, 이는 미국인들이 매년 영화를 보고 음반을 사고 비디오 게임을 구하는 비용을 모두 합친 것보다도 많은 금액입

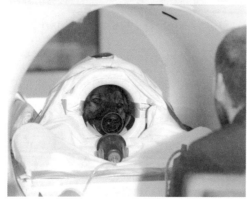

인간과 다름없는 의료서비스를
제공받는 반려견

니다.

 반려견도 인간과 같이 생로병사를 겪기 때문에 시기별로 맞춤 서
비스가 필요합니다. 따라서 출산부터 장례에 이르기까지 모든 단계

에 걸쳐 반려견 전용 서비스가 마련되고 있습니다. 사료, 애견용품, 미용, 의료 등 예전에는 없던 분야가 새로 만들어지며 일자리와 부가가치가 창출되고 있습니다.

이 중에서도 반려견을 위한 의료 산업이 비약적으로 발전하고 있습니다. 인간과 마찬가지로 건강하게 살도록 보살펴 주기 위해서지요. 근래에 동물병원은 사람을 위한 종합병원처럼 전문화, 첨단화되고 있습니다. 반려견 전문병원은 내과, 외과, 정형외과, 마취과, 치과, 안과, 산과, 영상의학과 등으로 세분되어 있어 인간 못지않은 전문 의료서비스를 제공하고 있습니다. 그뿐 아니라 X-RAY, 컴퓨터 CT단층촬영기, MRI자기공명영상기 등과 같은 고가의 첨단장비를 총동원해 반려견의 질병을 진단하고 있습니다. 미국의 수의사는 의료사고를 내지 않으려고 매우 조심하는데 이는 조금이라도 실수하면 의료소송을 당하는 경우가 많기 때문입니다.

반려견이 인간에 버금가는 수준의 의료서비스를 받으면서 이들의 평균수명은 급속히 길어지고 있습니다. 예전에 10년 정도 살던 반려견의 평균수명이 15살 이상으로 늘어났고 인간 나이 100세에 해당하는 20살 넘는 반려견도 많이 등장하고 있습니다. 하지만 반려견의 평균수명이 늘어나는 것이 결코 좋은 일만은 아닙니다. 반려견도 인간이 겪는 노화 현상과 각종 만성질환에 시달립니다. 인간처럼 암, 당뇨병, 치매, 심장병 등 온갖 성인병의 고통을 겪으며 늙어 가고 삶을 마감하게 됩니다.

의료 서비스만 맞춤화되고 있는 것은 아닙니다. 사료, 간식, 목욕용품, 산책용품 등 다양한 제품들이 맞춤으로 개발, 출시됩니다. 반려동물 중에서도 개는 크기와 생김새, 털의 길이, 성격 등 품종이 다양하기 때문에 제품의 종류도 많고 선택의 폭도 넓습니다. 또한 맞춤옷을 입고 자연식을 먹으며 명품관에서 물건을 구입하는 등 이제 반려견은 단순한 동물이 아니라 펫 휴머나이제이션Pet Humanisation, 즉 인간화되는 추세에 놓여 있습니다.

반려견 산업은 국민소득과 밀접한 관계가 있습니다. 1인당 국민소득이 2만 5천 달러가 넘어서면 본격적으로 활성화됩니다. 국민소득이 낮은 나라에서는 경제적 여력이 되지 않기 때문에 극소수 상류층 외에는 돈을 들여 돌보기가 어렵습니다. 선진국의 반열에 올라서면서 경제적 여유가 생기고서야 비로소 반려견의 복지에 관심을 두기 시작합니다.

반려견 세계의 양극화 현상

사람 사는 세상에 소득 양극화 문제가 심각한 것처럼 반려견 세계에도 엄연히 빈부 격차가 존재하고 있습니다. 부유한 집에 입양된 반려견은 때에 맞춰 예방주사를 맞고 유치원에서 에티켓을 배우고 수영장에 들어가 물놀이도 즐깁니다. 아로마, 장미, 허브 등 각종 천연 입욕제를 넣은 욕조에서 반신욕도 합니다.

그뿐만 아니라 반려견과 주인이 함께하는 운동을 하기도 합니다.

'도가Dog+Yoga'는 사람과 개가 함께 요가 동작을 하면서 교감을 나누는 것을 말하는데, 지난 2005년 미국 뉴욕에서 시작해 미국, 일본, 홍콩에서 인기를 끌고 있습니다. 또 전용 유모차를 타고 다니며 호사를 누리는 반려견도 많습니다. 피부가 민감한 반려견을 위한 유기농 사료는 쌀값보다 몇 배나 비싸며 반려견이 죽었을 때는 장례 전용 리무진까지 제공받는, 인간 수준에 버금가는 장례 서비스를 받을 수 있습니다.

'Dog TV'의 등장은 반려견이 인간으로부터 얼마나 사랑받고 있는지를 보여주는 좋은 사례입니다. 이스라엘의 과학자와 동물학자들은 기존 TV 프로그램이 반려견에게 고통을 준다는 사실을 발견했답니다. 개는 인간에 비해 귀가 훨씬 예민하고 인간이 듣지 못하는 영

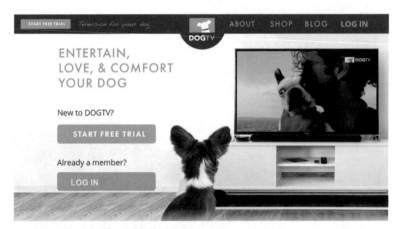
반려견이 좋아하는 프로그램으로 이루어진 Dog TV

역의 소리를 들을 수 있어 TV에서 나오는 소리에 많은 스트레스를 받습니다. 또 색맹에 가까운 개의 취약한 시력은 적색과 녹색을 거의 구분하지 못합니다.

이 같은 개의 특성을 고려해 이스라엘 과학자들은 반려견에게 적합한 TV 프로그램을 개발했습니다. 이 프로그램은 적색과 녹색을 제대로 구분하지 못하는 반려견을 위해 화면을 보정하고 반려견의 눈 높이와 카메라 초점을 일치시켰습니다. 음량도 소리에 민감한 반려견에게 무리가 되지 않을 정도로 낮추었고 배경음악은 반려견의 마음에 안정을 주는 것으로 선곡했습니다.

반려견 전용 프로그램 화면에는 동물이 나오거나 강아지가 잔디밭을 산책하며 공놀이를 하는 장면이 주를 이루고 파란 하늘과 푸른 숲을 보여주기도 합니다. 사람이 보기에는 심심한 편이지만 반려견은 화면에서 눈을 떼지 못할 정도로 좋아합니다. 이스라엘에서 개발한 반려견 전용 TV 프로그램은 미국에서 특히 인기를 끌었지요. 맞벌이 부부가 많은 미국에서는 반려견을 두고 출근하는 일이 잦고 수백만 가정이 하루에 5시간 이상 반려견을 집에 혼자 두기 때문입니다. 혼자 남게 된 반려견은 정서적으로 불안해지고 외로움을 느끼게 됩니다. 이런 경험이 쌓이게 되면 우울증도 앓게 됩니다.

1996년 미국에서 반려견 전용 방송 프로그램이 방영되기 시작하자 반려견 우울증에 대한 고민이 어느 정도 해결되었습니다. TV를 켜두고 외출하면 반려견은 집안에 누군가가 있는 것처럼 느낍니다. 사료와 간식을 놓고 가면 반려견은 그것을 먹으면서 편안하게 TV를 시청합니다. 이로 인해 반려견이 느끼는 외로움과 스트레스가 감소합니다. 반려견 전용 프로그램은 요금을 내야 하는 유료 채널임에도 불구하고 미국에서 100만 가구 이상의 시청자를 확보하며 큰 성공을 거두었습니다.

이처럼 인간의 사랑을 듬뿍 받는 반려견이 있는 반면, 버림받거나 학대받는 반려견도 무수히 많습니다. 한때는 주인의 사랑을 한몸에 받았던 반려견이 나이가 들고 병이 들면 쓸모없는 존재가 되어 버림을 받습니다. 반려견을 버리는 사람에게 동물은 예쁠 때나 아프지 않을 경우만 가족입니다.

버림받은 유기견은 큰 충격을 받습니다. 이들은 떠돌이 개가 되거나 보호소로 보내져 새로운 주인을 찾아야 하는 운명에 놓이게 됩니다. 보호소에 들어온 유기견은 겁에 질려 밥도 제대로 먹지 못하고 잠도 이루지 못합니다. 일정 기간 주인이 찾으러 오지 않거나 새로운 가정에 입양되지 못하면 모두 죽음을 맞게 됩니다. 수용공간은 이미 포화상태인데 주인으로부터 버림받은 유기견들은 보호소로 끊임없이 밀려 들어오기 때문입니다. 이처럼 반려견은 만나는 주인에 따라 완전히 다른 삶을 살게 됩니다. 좋은 주인을 만나면 인간보다 호사를 누리며 살고 불운한 반려견은 버림받아 수용소에서 안락사로 삶을 마감합니다.

반려견 문화를 보는 다른 시각

미국 사람들이 반려견에 집착하는 이유 중의 하나는 외로움입니다. 고령화 현상으로 인해 혼자 사는 독거노인이 늘어날수록, 결혼하지 않고 사는 1인 가구가 증가할수록 외로움을 달래기 위해 반려견을 키우는 사람은 늘어납니다.

자본주의가 극한으로 발전하면 물질적으로는 풍요로워져도 정신은 빈곤해집니다. 혼자 사는 경우가 아니더라도 이웃 사이에 교류가 사라지고 심지어 가족 간의 대화도 줄어들게 됩니다. 일상에서 만나는 사람들 역시 이해타산에 따라 움직이다 보니 이익이 될 경우 상대방과 친분을 맺으려고 하지만 그렇지 않으면 관심조차 두려고 하지 않습니다.

그러나 반려견은 다릅니다. 외출했다가 돌아오는 주인을 언제나 반갑게 맞이하고 잘 따르며 만일 주인에게 힘든 일이 생기면 이를 감

지하여 무조건 위로해 줍니다. 이 때문에 애견가는 반려견에 대한 유대와 집착이 강해지게 되고 그러다 보니 일반적으로는 이해가 되지 않는 일도 심심치 않게 발생하고 있습니다.

2007년 미국의 부동산 재벌이 애지중지하던 반려견에게 유산의 일부를 상속했는데, 무려 1,200만 달러나 되어 세간의 눈길을 끌었습니다. '부동산 여왕'이라 불린 리오나 헴슬리Leona Helmsley는 반려견 '트러블'에게 자신의 친자식보다 더 많은 돈을 물려주었지요. 또 미국의 재벌 중 한 사람인 방송인 오프라 윈프리는 자신의 재산 중 무려 3,000만 달러를 반려견에게 상속하기로 발표해 화제를 불러일으키기도 했습니다.

가난한 나라 사람들보다 더 나은 대접을 받는 반려견

미국에서는 아이들을 위한 식료품 비용보다 더 많은 돈을 반려견을 위해 쓰고 있습니다. 가족과 다름없는 반려견을 위해 돈을 쓰는 것이 나쁘다고 말할 수는 없습니다. 반려견도 생명을 가진 소중한 존재이고 가족에게 정서적 위안을 주는 중요한 역할을 하고 있기 때문입니다.

그러나 미국을 비롯한 선진국 국민이 반려견을 위해 해마다 막대한 돈을 쓰는 것을 곱지 않은 시각으로 바라보는 사람도 많습니다. 이들이 반려견에게 쓰고 있는 돈의 10% 정도만 개발도상국의 어린이를 위해 사용한다면 아이들은 굶주림으로부터 해방될 수 있기 때문입니다. 많은 사람이 반려견을 사랑하는 따뜻한 마음으로 빈곤한 아이들을 돕는다면 세상은 지금보다 훨씬 아름다워질 수 있지만 아직은 희망사항에 불과합니다.

★

비싼 의료비와
펫로스 증후군

　반려견과 함께한 세월이 긴 만큼 미국에는 반려견에 대한 세심한 배려가 곳곳에 스며들어 있다. 특히 수의학 분야는 세계 최고 수준으로, 수의대에 입학하는 것이 의대에 입학하기보다 더 어렵다. 미국에 있는 3,000개 이상의 4년제 대학 중 수의학을 개설한 대학이 30여 곳에 불과하기 때문이다. 수의대 입학 경쟁률도 매우 높고 학습량도 많아 학생들은 정신없이 공부만 해야 수의사가 될 수 있다.

　미국에서 수의사는 존경받는 직업 중 하나이다. 반려동물도 많고 반려동물에 대한 사랑도 대단한 풍토 덕분이다. 그런데 미국의 동물병원 수준은 세계 최고이지만 비싼 의료비가 문제이다. 인간을 위한 공공 의료보험조차 없는 미국에서 반려동물을 위한 공공 의료보험이 있을 리 없다. 결국 수의사가 부르는 게 값이다 보니 부자가 아니라면 동물병원을 가기가 쉽지 않다. 치료비를 감당하지 못해 반려견을 버리거나 안락사 시키는 경우도 빈번할 정도로 병원비가 비싸다. 이로 인해 반려동물용 의료보험제도를 일찌감치 안착시킨 스웨덴을 따라가자는 목소리가 일고 있다.

　미국에도 반려동물용 의료보험이 있기는 하지만 2000년대 들어서야 보급되기 시작했고 가입률은 10% 미만이다. 그러나 스웨덴은 1924년 세

커다란 마음의 고통을 주는 펫로스

계 최초로 반려동물 전용 의료보험제도를 도입해 가입률이 40%를 넘어선다. 동물복지에 관심이 많은 스웨덴 사람들은 철저히 동물 편에서 동물보호법을 제정했다. 예를 들어 낮에는 실내에 반드시 햇빛이 들어야 한다는 등 사람의 눈으로 보면 사소한 것까지 법률로 규정해 두었다. 이를 통해 스웨덴 사람들의 동물을 위한 꼼꼼한 배려를 엿볼 수 있다.

비싼 병원비보다 애견가들의 마음을 아프게 하는 것은 반려동물이 가족보다 먼저 세상을 떠나는 일이다. 반려견의 평균수명은 15년 남짓으로 인간의 평균수명 80년에 비해 턱없이 짧다. 개들은 태어난 지 3년만 지나면 노화가 시작되어 십여 년 정도를 더 살고 세상을 떠나기 시작한다. 반려견이 세상을 떠나면 남아 있는 사람들은 사랑하는 가족이 죽은 것과 같은 고통에 시달린다. 이러한 고통이 6개월 이상 계속되면 '펫로스 증후군'이라고 부른다.

사람과 반려견이 함께한 기간이 길수록, 감정을 많이 공유했을수록 죽음 앞에서 느끼는 슬픔은 커진다. 반려견을 잃은 괴로움을 감당하지 못해 스스로 목숨을 끊는 사람이 나올 정도로 펫로스 증후군은 심각하다. 반려동물을 키워보지 않은 사람은 펫로스 증후군을 앓는 사람의 마음을 이해하기가 쉽지 않다. 반면 이 증후군을 앓아 본 사람들은 같은 처지에 있는 사람의 마음을 잘 알기 때문에 진심 어린 위로를 해줄 수 있다. 미국에서는 시민들이 자발적으로 펫로스 증후군을 앓는 사람을 돕기 위한 단체를 만들어 정신적인 고통에서 벗어나도록 돕고 있다. 미국인들은 반려견을 두고 '인간의 가장 좋은 친구Man's Best Friend'라 부르며 가족처럼 지내지만, 함께 살기 위해서는 비싼 의료비와 반려견의 죽음이라는 큰 고통을 감수해야 한다.

6장

취하도록 마시지 않는

음주 문화

술의 등장과 포도주 이야기

음주는 인류의 등장과 함께 시작되었습니다. 인간이 맛본 최초의 술은 과일로 만든 과실주였습니다. 공기 중에 떠돌아다니던 효모가 달콤한 과일 속으로 들어오면 그때부터 본격적인 발효 과정이 일어납니다. 효모가 당을 섭취하고 분해하는 과정에서 알코올과 이산화탄소가 생겨나는데 이 중 알코올이 술의 원료가 됩니다. 인간이 처음으로 지구상에 등장했을 때만 하더라도 술은 땅에 떨어진 과일과 공기 중에 떠다니는 효모에 의해 자연적으로 만들어졌을 뿐, 누구도 술이 만들어지는 과학적인 원리를 알지 못했답니다.

술은 인간뿐 아니라 동물들도 즐깁니다. 원숭이나 코끼리처럼 지능이 높은 동물은 해마다 가을철이 되면 땅에 떨어진 과일이 술로 변한다는 사실을 알고 찾아 먹곤 합니다. 실제로 영국 옥스퍼드브룩스대 연구팀은 머리 좋은 침팬지가 나뭇잎에 야자열매 술을 받아먹는다는 사실을 공개하기도 했습니다.

인간에게 행복감을 주는 만큼 술은 인류의 기록 속에 긍정적인 모

와인의 재료가 되는 포도

습으로 나타날 때가 많습니다. 서양인들의 의식구조에 큰 영향을 미치고 있는 성경에도 술에 관한 이야기가 여러 차례 등장합니다.

　기독교의 신은 인간이 타락하고 세상이 악으로 가득하자 새로운 세상을 만들기로 했습니다. 신은 노아*에게 방주**를 만들어 각종 동물과 식물을 싣도록 하고 일이 마무리되자 40일 밤낮 폭우를 내려서 온 세상을 물에 잠기도록 했습니다. 결국 방주에 오르지 못한 생명체는 물속에서 죽음을 맞이했습니다.

　노아의 방주가 아라라트Ararat산에 도달하자 억수같이 쏟아지던 폭

우가 그쳤습니다. 방주에서 나와 새 땅에 정착한 노아는 농부가 되어 포도원을 가꿨고 포도주를 마시다 취해 잠들기도 했습니다.

술은 페르시아 신화에서도 좋은 모습으로 등장합니다. 페르시아 신화 속 잠쉬드_{Jamshid} 왕은 포도를 매우 좋아해 신선한 포도를 옆에 두고 즐겨 먹었습니다. 그런데 항아리에 담겨 있던 포도가 시간이 지나 자연 발효하자 잠쉬드 왕은 상한 것으로 생각해 항아리에 '독극물'이라는 표시를 남겼습니다.

오랫동안 극심한 두통에 시달리던 한 여인이 고통을 참을 수 없어 스스로 목숨을 끊기로 결심하고 항아리 속 독극물을 마셨습니다. 그 여인은 죽기는커녕 기분이 좋아졌고 술에 취해 한숨 자고 일어나니 두통이 씻은 듯이 사라졌습니다. 이를 알게 된 잠쉬드 왕은 페르시아

인류가 가장 오래 즐겨온 와인

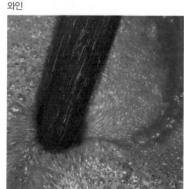

잠쉬드 왕의 사랑을 받은 포도주

사람 모두에게 포도주를 만들어 먹도록 했습니다. 이처럼 술은 시작부터 긍정적인 존재였습니다. 시간이 흐르면서 인간은 다양한 종류의 술을 만들게 되었습니다.

유럽의 맥주와 미국의 위스키

당분이 많이 함유된 과일은 내버려 두어도 술이 되지만 당분 함량이 적은 곡물은 가만히 놔두면 부패해 먹을 수 없습니다. 이에 곡물을 발효시켜 술을 만드는 기술은 한참 후에나 등장했습니다.

지금으로부터 1만 년 전 신석기 시대가 시작되자 인류는 비로소 정착 생활을 시작하고 농사를 짓기 시작했습니다. 곡물을 대량으로 생산하여 여유분이 생기자 인류는 이를 이용해 술을 빚기 시작했습

곡물로 빚은 맥주

니다. 대표적인 술이 바로 보리를 원료로 하는 맥주였습니다. 드물지만 싹을 틔운 밀로 만든 맥주도 있었습니다. 맥주는 여느 술과 달리 음료 역할을 했습니다. 정수된 물을 구하기 어려웠던 시절 각종 병균에 오염된 물은 사람들의 건강을 위협하는 심각한 요인 중 하나였습니다.

사람의 몸은 3분의 2가 수분으로 구성된 만큼 인간이 살기 위해서는 많은 물이 필요한데, 이때 맥주가 건강을 지켜주는 역할을 톡톡히 했습니다. 알코올에는 강력한 살균 기능이 있어 5%가량의 알코올이 함유된 맥주에는 생수보다 훨씬 적은 병균이 존재합니다. 실제로 알코올 함량이 20%가 넘어가는 술에는 어떤 미생물도 살 수 없을 정도로 알코올의 항균 기능은 탁월합니다.

맥주의 재료가 되는 보리

고대 이집트에서는 맥주를 화폐 대용품으로 활용해 피라미드 건설 노동자의 임금으로 지급하기도 했습니다. 이집트의 맥주 제조 기술은 유럽으로 건너가 그곳에서 꽃을 활짝 피웠습니다. 마실 수 있는 깨끗한 물이 많지 않았던 유럽에서는 건강을 지키기 위해 맥주가 꼭 필요했기 때문입니다.

북유럽은 날씨가 춥고 일조량이 적어 포도가 자라지 않았기 때문에 밀이나 보리로 맥주를 만드는 데 더욱 적극적이었습니다. 특이한 점은 가톨릭 성직자들이 모여 사는 수도원에서 술을 빚어 판매한 것입니다. 수도사들은 가을철 곡물을 수확한 후 자신들만의 비법으로 다양한 맥주를 만들었습니다. 중세까지만 하더라도 수도원은 당대 최고의 인재가 모이는 곳이었기 때문에 이들에 의해 맥주를 만드는 기술이 발전을 거듭했습니다.

유럽인들이 맥주나 포도주를 선호한 것에 비해 미국인들은 개척 초기부터 알코올 도수가 높은 위스키를 선호했습니다. 위스키, 보드카, 한국의 소주와 같은 술을 증류주라고 합니다. 증류주란 곡물 등을 발효시켜 만든 술을 한 번 더 처리하여 알코올의 도수를 높인 독한 술입니다. 개척 시대 고된 일상을 달래기 위해서는 위스키만한 것이 없었습니다. 식민지 정착민에게 위스키는 인디언과의 교역에서 화폐 역할을 하기도 했습니다. 그때까지 술을 만들 줄 몰랐던 인디언은 백인이 건네주는 위스키에 흠뻑 빠져 위스키를 얻는 대가로 비버, 여우, 곰 등의 모피를 건넸습니다. 두 집단 사이에 교역량이 폭발적

미국인들이 즐겨 마시는
위스키

으로 늘어나면서 인디언 사회에는 알코올 중독자가 속출하는 부작용
이 발생하기도 했습니다.

술을 두고 벌어진 농민과 정부의 싸움, 위스키 반란

독립선언1776년 이후 약 7년간에 걸친 싸움 끝에 미국은 1783년 영
국으로부터 독립을 쟁취했습니다. 그러나 독립 이후 현실은 암울했
습니다. 신생 독립 국가 미국의 발목을 잡은 것은 전쟁을 치르기 위
해 빌린 막대한 부채였습니다. 전쟁 부채 문제를 해결하기 위해서는
국민에게 더 많은 세금을 거두어들여야 했지만 세금을 싫어하는 국
민을 설득하기란 쉽지 않았지요. 국민이 피를 흘리면서까지 식민지
모국이었던 영국에 맞선 이유가 바로 과도한 세금 부과였기 때문에
신생 정부도 과세에 조심할 수밖에 없었습니다.

초대 대통령 조지 워싱턴은 고심 끝에 위스키에 25%의 중과세를 하기로 했습니다. 건강에 해로운 위스키에 세금을 매기면 국민의 반발이 그나마 적을 것이라는 생각이었습니다. 하지만 위스키에 세금을 부과하자 워싱턴의 기대와는 달리 농민을 중심으로 엄청난 조세 저항이 일어났습니다.

당시 미국에서 위스키는 평범한 술이 아니라 농민의 생계를 책임지는 특별한 존재였습니다. 애팔래치아산맥 서쪽 지역에 정착해 주로 옥수수 농사를 짓고 살던 사람들은 옥수수를 수확하자마자 위스키로 만들어 인구 밀도가 높은 동부 지역에 내다 팔았습니다. 무겁고 부피가 많이 나가는 옥수수를 가지고 험준한 애팔래치아산맥을 넘기가 쉽지 않았기에 부피가 작고 가벼운 위스키로 만들었던 것입니다.

미국 정부의 세금 부과에 저항하는 농민들

즉, 위스키는 옥수수 재배 농민들에게 유일한 소득원이자 화폐와 같은 역할을 하던 소중한 존재였답니다.

옥수수 재배 농민들은 위스키를 팔아 근근이 먹고사는 자신들에게 세금을 부과할 것이 아니라, 수많은 노예를 두고 큰돈을 버는 남부의 농장주에게 세금을 부과하라고 요구했습니다. 당시 남부의 농장주들은 목화와 담배 재배로 큰 부를 축적하고 있었지만 연방정부의 과세대상에서는 제외된 상태였습니다. 이 때문에 애팔래치아 서쪽 지역의 가난한 옥수수 재배 농민에게 위스키세는 도저히 받아들일 수 없는 정부의 횡포로 여겨졌습니다.

1791년부터 농민들은 시위를 통해 정부 정책에 강력히 저항했지만 별다른 소용이 없었습니다. 분노한 농민들은 정부가 세금을 걷기 위해 보낸 세금징수원에게 폭력을 가했습니다. 세금징수원의 옷을 벗겨 채찍질했고 온몸에 페인트를 바른 후 닭털을 붙여 끌고 다녔습니다. 어떤 과격한 농민들은 세금징수원을 총으로 쏘아 죽이기까지 했습니다. 조지 워싱턴은 범죄를 저지른 농민들을 처단하기 위해 무력을 동원하기로 했습니다.

하지만 신생 독립국이던 미국에는 동원할 수 있는 정식 군대가 없었습니다. 조지 워싱턴은 각 주에 민병대를 지원해 달라고 사정해 1만 3,000명의 민병대를 지원받았습니다. 1794년 10월, 조지 워싱턴은 직접 민병대를 이끌고서 조세저항에 나선 농민 시위대의 진압에 나섰습니다. 농민들도 '위스키 보이즈Whiskey Boys'라는 저항단체를 만

농민 반란을 진압하기 위해 군대를 이끌고 나선 조지 워싱턴

들어 한판승부에 나섰습니다. 하지만 급조된 농민 저항단체는 영국과의 독립전쟁을 승리로 이끈 명장 조지 워싱턴을 이길 수는 없었습니다. 결국, 1791년부터 1794년까지 3년간 계속된 '위스키 반란'은 농민들의 참패로 막을 내렸습니다.

금주법이라는 '고상한 실험'

미국은 영국 출신 청교도에 의해 세워진 개신교 지상주의 나라입니다. 시간이 흐르면서 영국뿐 아니라 북유럽, 독일 등지에서 이민자가 유입되었는데 이들도 기본적으로 평균 이상의 지적 능력과 재산을 가진 개신교도였습니다. 따라서 미국을 개척한 개신교도는 미국이 계속해서 순수한 종교 국가로 남기를 원했습니다.

그런데 19세기 중반부터 아일랜드 사람들이 대기근을 피해 미국으로 몰려들면서 분위기가 바뀌기 시작했습니다. 1845년부터 7년간 계속된 대기근으로 아일랜드 국민의 3분의 1 이상이 굶어 죽자 사람들은 살기 위해 고국을 떠났습니다. 바다 건너편에 부유한 나라 영국이 있었지만 영국인은 아일랜드 사람들을 받아주지 않았지요. 영국 해군에 의해 영국으로 들어가는 해로가 봉쇄되자, 아일랜드 사람들은 무작정 대서양을 건너 미국으로 향했습니다.

아일랜드인들이 자국의 배를 모조리 동원해 미국으로 건너왔지만, 이들을 기다리는 것은 싸늘한 차별뿐이었습니다. 미국으로 건너온 아일랜드 사람들은 초창기 이민자들과는 달리 대부분 가난한 소작농 출신으로 교육수준도 낮고 돈도 거의 가지고 있지 않았습니다. 미국 사회에 이미 안착한 기득권층에게 아일랜드 이주민들은 별로 도움이 되지 않는 존재였습니다.

미국 땅에 발을 내디딘 아일랜드인들은 먼저 정착한 동포들이 사는 곳으로 무작정 몰려들었습니다. 이들이 모여 사는 곳은 슬럼가로 변해 범죄의 온상이 되었지요. 더구나 기존의 청교도들은 가톨릭을 믿던 아일랜드인에게 종교적인 이질감을 느꼈습니다. 가톨릭은 개신교와 달리 음주에 대해 관대했기 때문에 가톨릭 신자 중에는 유난히 알코올 중독자가 많아 청교도들의 눈살을 찌푸리게 했습니다.

19세기 말부터는 남유럽과 동유럽의 이민자들도 아메리칸드림을 꿈꾸며 미국으로 몰려들었는데, 이들 역시 대부분 가톨릭 신자였습

술을 좋아하는 아일랜드 사람들이 즐겨 찾는 술집

니다. 미국의 주류 문화인 개신교 문화에 동화되지 못한 가톨릭 이민
자들은 사회의 비주류로 살아야 했습니다. 이들은 밤마다 술집에 모
여 싸움을 일삼거나 자신의 신세를 한탄하며 기득권층에 대한 불만
을 쏟아 냈습니다.

　시간이 흐를수록 가톨릭계 이주자들은 점차 반사회적인 세력으로
성장하면서 그들 나름대로 생존을 위해 갱단을 조직하기 시작했습니
다. 아일랜드계가 제일 먼저 갱단 조직에 나서면서 술, 도박 등 온갖
불법적인 수단을 동원해 부를 축적하고 세력을 키웠습니다. 곧이어
이탈리아에서 유입된 이민자도 갱단 조직에 나서 미국 사회는 바람
잘 날이 없었습니다.

　1914년 미국은 제1차 세계대전에 참전하면서 새로운 국면을 맞았

습니다. 당시 독일은 잠수함을 이용해 미국 상선과 전함을 대거 격침했습니다. 엄청난 인명손실을 입은 미국은 독일에 대해 분노했고, 이 노여움은 곧바로 독일계 이민자들에게 옮겨갔습니다. 당시 독일계 이민자들은 맥주 제조업계에서 독보적인 입지를 구축하며 나름대로 큰 성공을 거두고 있었는데, 제1차 세계대전으로 인해 공공의 적이 되었습니다.

바로 이 시기에 등장한 것이 금주법입니다. 금주법은 미국의 주류 문화에 적응하지 못해 문제를 일으키고 있던 아일랜드, 이탈리아 출신 가톨릭계 이주자들의 활동 공간을 제거할 수 있는 묘안이었습니다. 동시에 눈엣가시와 같은 독일계 이민자들의 경제적 기반을 무너뜨릴 기회이기도 했습니다.

금주법 시행을 위한 분위기가 무르익자 가장 먼저 앞장선 사람들은 개신교 목사였습니다. 개신교 목사들은 하루가 멀다고 술집 앞에

주민들의 요구를 받아들여 다른 주보다 일찍 금주법을 실시한 인디애나주

서 무릎을 꿇은 채 술과 술집을 없애 달라고 신께 빌었습니다. 침례교, 감리교, 루터교 등 거의 모든 교파의 지도자들이 금주법 제정에 찬성했습니다. 이러한 분위기는 개신교 국가인 미국에 큰 파장을 부를 수밖에 없었습니다. 여기에 정치적 입지가 커진 여성들이 금주법 제정에 결정적인 역할을 했습니다.

　제1차 세계대전 이전까지만 하더라도 보수적인 미국 사회에서 여성은 참정권*조차 인정받지 못했습니다. 선거철에도 여성을 위한 정책이나 약속은 만들어지지 않았습니다. 여성들의 정치적 입지가 거의 없어서였습니다. 그런데 제1차 세계대전이 일어나 남성들이 대거 전장에 투입되자, 여성들은 군수품 공장에서 각종 물자 생산을 책임지게 되었습니다. 군수품 생산이라는 막중한 임무를 수행하던 여성들은 그 보상으로 참정권을 요구해 종전 후 여성의 참정권이 인정되었습니다. 이때부터 정치인들은 여성 표를 얻기 위해 여성의 입맛에 맞는 정책을 쏟아 내기 시작했습니다. 그중의 하나가 금주법이었습니다.

　평소 남성들이 술을 마시고 폭력을 휘두를 때마다 희생양이 되어야 했던 여성들은 금주법을 적극 지지했습니다. 여성 표를 의식한 정치인들은 금주법을 제정했지요. 1920년 1월 전격적으로 시행된 금주법은 알코올 함량 0.5% 이상이면 모두 술로 간주해 제조 및 판매를 금지했습니다. 다만, 종교행사나 치료용으로 사용하는 술은 규제하

---

* 국민이 정치에 참여할 권리. 선거권, 피선거권, 공무원이 될 수 있는 권리 등을 말한다.

밀주 단속에 나선 공무원

지 않아 약간의 예외를 허용했습니다.

금주법을 두고 사람들은 '고상한 실험'이라 불렀습니다. 본능에 가까운 인간의 술에 대한 욕구를 자제하고 올바른 삶을 살자는 것이 금주법의 목적이었기 때문입니다. 금주법 시행에 자본가들의 기대도 한껏 부풀어 올랐습니다. 당시 미국의 공업 분야는 기계화가 많이 진척되지 않아 노동 의존도가 매우 높았습니다. 따라서 노동자들이 술을 마시지 못한다면 그만큼 생산성이 높아질 것이라는 기대가 있었습니다. 하지만 인간은 기대한 만큼 고상한 존재가 아니었습니다. 금주법이 시행되기 전부터 가정마다 엄청난 양의 술을 미리 사서 비축해 두었고 금주법 시행과 동시에 갱단이 설치기 시작했습니다.

갱단 두목 알 카포네

금주법이 시행되자 세금을 내고 정상적으로 운영하던 술집은 모두 폐쇄되었지만 갱단이 운영하는 비밀 술집은 더 많이 생겨났습니다. 독일계 미국인이 운영하던 양조장은 모두 사라진 대신 국경이 접한 나라인 멕시코와 캐나다에서 기존보다 더 많은 양의 술이 밀수입되었습니다. 밀수보다 더 심각한 문제는 갱단이 운영하는 국내 밀주 공장의 위험천만한 제조 과정에 있었습니다.

원래 술을 만드는 데 쓰이는 알코올은 에탄올Ethanol이지만 갱단은 비용 절감을 위해 공업용 메탄올Methanol을 종종 사용해서 음주자의 건강을 해쳤습니다. 메탄올로 만든 술을 많이 마신 사람 중 일부는 시력을 잃기도 했습니다. 조악하기 그지없는 밀주는 금주법 이전의 술값보다 훨씬 비싸게 판매되었습니다.

금주법 시대에 악명을 떨친 갱단두목 알 카포네

이 시기 등장한 전설적인 악당이 바로 알 카포네Al Capone였습니다. 알 카포네는 19세기가 저물어 가던 1899년 뉴욕 브루클린의 빈민가에서 태어났습니다. 이탈리아 나폴리 출신의 평범한 이민자 부모 밑에서 태어난 알 카포네는 어릴 적부터 문제아였습니다. 하루가 멀다고 학교 친구들에게 폭력을 행사해 초등학교 6학년 때 퇴학당했을 정도로 범죄적 기질이 다분했지요. 초등학교를 중퇴한 알 카포네는 곧바로 어둠의 세계로 들어가 그곳에서 잔뼈가 굵었습니다.

1925년 시카고에서 갱단 보스인 조니 토리오가 아일랜드계 갱단의 습격을 받고 치명적인 부상을 입는 사건이 벌어졌습니다. 뉴욕에서 주로 활동하던 알 카포네는 갱단을 이끌기 위해 시카고로 건너갔습니다. 조니 토리오가 암살의 공포를 이겨 내지 못해 이탈리아로 도망치자 당시 26살이던 알 카포네는 별안간 조직의 보스로 등극했습니다.

시카고에 정착한 알 카포네는 뛰어난 범죄 감각을 활용해 밀주 사업에 모든 역량을 쏟았습니다. 시카고는 지리적으로 미국 중심부에 있는 데다 '오대호'라는 거대한 호수 군을 끼고 캐나다와 국경을 마주하고 있어 캐나다산 술을 밀수하기에 적격이었습니다. 우선 알 카포네는 시카고에서 4시간 반 정도 걸리는 오대호를 건너 캐나다의 윈저Windsor라는 곳으로 찾아가, 현지의 성당 건축에 많은 돈을 기부했습니다. 성당이 신축공사에 들어갈 때, 알 카포네는 지붕에 엄청나게 높은 십자가를 설치하자고 제안했습니다.

미국 땅에서도 잘 보일 정도로 어마어마하게 높은 십자가가 세워지자, 알 카포네 일당은 십자가의 조명을 밀수에 몰래 이용하기 시작했습니다. 십자가에 환하게 불이 밝혀지면 그날은 캐나다와 미국 경찰의 단속이 없는 안전한 날이라는 신호였고, 만약 불이 꺼져 있다면 단속이 있는 날이라는 그들만의 암호였습니다.

이 같은 방식으로 알 카포네는 캐나다로부터 밀수한 술을 시카고에서 10배 이상의 이윤을 남기고 판매해 막대한 돈을 벌어들였습니다. 1927년 한 해 동안에만 1억 달러 이상의 큰 소득을 올렸지요. 그해 알 카포네는 세계에서 돈을 가장 많이 번 사람으로 기네스북에 올라 전 세계 언론에 대서특필되었습니다.

미국의 갱단 간에는 나름대로 서로 다른 정체성이 있습니다. 미국에서 가장 먼저 조직된 아일랜드계 갱단은 자신들이 미국을 대표하는 정통 갱단이라 생각합니다. 이에 반해 약간 늦게 출발한 이탈리아 출신 갱단은 자신들이야말로 미국뿐 아니라 유럽을 대표하는 갱단이라고 주장합니다. 이탈리아는 갱단으로 유명한 나라입니다. 특히 이

마피아의 본고장
시칠리아

탈리아 남쪽 시칠리아섬에는 오래전부터 악명 높은 갱단이 활발한 활동을 해왔는데, 스스로 '마피아'라 부르며 이탈리아 전역에 막강한 영향력을 행사해 왔습니다.

마피아란 시칠리아섬의 토속어로 '아름다움'이나 '자랑거리'를 뜻하지만, 갱단의 행동은 아름다움과는 거리가 멀었습니다. 19세기 말 시칠리아의 마피아는 북아메리카 대륙까지 영역을 넓히기 위해 미국으로 대거 이주해 뉴욕이나 시카고 같은 대도시를 중심으로 세력을 확장했습니다. 이 과정에서 아일랜드 출신 갱단과 치열한 영역 다툼을 벌이면서 수많은 희생자가 발생하기도 했습니다.

알 카포네는 이탈리아 이민자 출신이지만 시칠리아섬 출신이 아니라는 이유로 열등감이 있었습니다. 그는 갱단 내에서 정통으로 인정받지 못하는 현실을 극복하기 위해 이미지 조작에 나섰습니다. 알 카포네는 지금으로부터 약 100년 전인 1920년대에 활동한 사람이지만

폭력이 난무하던 금주법 시대

언론의 영향력을 누구보다 잘 알고 있었습니다. 일반적인 사람들은 언론에서 말하는 것을 그대로 믿는 경향이 있다는 사실을 간파한 그는 언론사 기자들에게 뒷돈을 챙겨 주었습니다.

매달 월급보다 많은 뒷돈을 받은 기자들은 알 카포네에 관한 좋은 기사를 내보냈습니다. 언론에 비친 그는 갱단 두목이 아니라 능력 있는 사업가였습니다. 알 카포네는 사람들에게 좋은 이미지를 심어주기 위해 빈민들에게 먹을 것을 나눠주는 모습, 고아를 돌보는 모습, 병원비가 없어 발만 동동 구르던 사람에게 병원비를 주는 모습, 복지 단체에 거액의 기부금을 내는 모습 등 갖가지 선행 장면을 언론에 공개했습니다.

범죄에 관해서라면 타의 추종을 불허할 정도로 기발한 아이디어와 놀라운 수완을 발휘한 알 카포네는 엄청난 돈을 정계에 뿌리며 영향력을 확대해 나갔습니다. 국회의원, 시장 등 힘 있는 정치인을 선별해 후원금을 대면서 그들과 끈끈한 관계를 맺었습니다. 밀주를 직접 단속하는 경찰과는 더욱 돈독한 관계를 유지했습니다. 매달 월급의 몇 배가 되는 돈을 주었을 뿐 아니라, 비밀 술집의 지분 일부를 넘겨 아예 경찰과 함께 술을 팔았습니다. 이처럼 그는 정치인, 언론인, 경찰 등 밀주 사업에 영향을 미칠 수 있는 모든 사람을 자신의 편으로 만들었습니다.

알 카포네는 성장 가능성이 있는 정치 신인의 후원자 역할을 자처하기도 했습니다. 그가 밀어준 정치 신인 중 상당수가 정가에서 큰

시카고 거물로 성장한 알 카포네

성공을 거두었습니다. 언론에 의해 미국 사회에서 엄청난 영향력을 갖게 된 알 카포네를 일러 시민들은 '밤의 황제'라 부르며 막연한 선망을 가졌습니다.

1929년 경제 대공황으로 나라 전체가 우울하던 시기에 알 카포네가 제공한 밀주가 시민들에게 위안이 되면서 그는 대중의 우상이 되어 갔습니다. 실제로 미국의 한 신문사가 시카고 대학생을 대상으로 세계에서 가장 훌륭한 10대 인물을 조사했는데 간디, 아인슈타인 등과 함께 알 카포네가 선정되기도 했습니다. 이처럼 알 카포네는 비난은커녕 시민들의 존경을 받는 사람으로 떠올랐지만, 그 기간은 그리 오래가지 못했습니다.

밸런타인데이 대학살 사건과 보스의 몰락

1929년 2월 14일, 그날은 성聖밸런타인 축일로 연인들이 사랑을 고백하거나 선물을 교환하는 밸런타인데이였습니다. 경찰복 차림을 한 일련의 무리가 시카고 뒷골목의 허름한 창고를 덮쳐 안에 있던 7명을 체포해 밖으로 끌고 나왔습니다. 당시 창고 안에서는 아일랜드계 갱단이 밀주를 만들고 있었습니다. 경찰은 밖으로 끌고 나온 아일랜드 갱단 소속 조직원에게 양손을 들고 벽을 보도록 명령했습니다.

체포된 아일랜드 갱단원은 경찰의 의례적인 체포 과정인 줄 알고 순순히 지시를 따랐습니다. 이때 경찰복을 입은 사람들이 무자비하게 총기를 난사해 아일랜드 갱단원 모두가 사망했습니다. 미국 전역을 떠들썩하게 만든 이 학살극의 범인은 바로 알 카포네였습니다.

밸런타인데이 사건이 발생하기 얼마 전, 아일랜드 갱단은 알 카포네에게 시카고의 밀주 제조 시설을 비싼 값에 넘긴 적이 있었습니다.

밸런타인데이 대학살 사건

그런데 얼마 지나지 않아 이 밀주 공장에 연방정부 소속 단속요원이 들이닥쳐 큰 손해를 입은 것입니다. 그 배후에는 밀주 공장을 넘긴 아일랜드 갱단의 밀고가 있었습니다. 이에 화가 치밀었던 알 카포네는 조직원을 동원하여 아일랜드 갱단이 운영하던 밀주 공장을 급습해 만행을 저지른 것입니다.

이른바 '밸런타인데이 대학살'로 불린 이날의 사건을 계기로 갱단에 대한 시카고 시민들의 긍정적인 생각이 순식간에 사라졌습니다. 시민들은 정부에 범죄 없는 안전한 시카고를 만들어 달라고 강력히 요구했습니다. 시민들의 빗발치는 요구에도 불구하고 알 카포네는 별다른 걱정을 하지 않았습니다. 이미 자신에게 영향을 미칠 수 있는 모든 사람을 매수해 놓았기 때문입니다. 시장부터 말단 경찰까지 알 카포네의 돈을 받지 않은 공무원이 거의 없었던 까닭에 연방정부는 알 카포네 체포를 위한 특별한 대책으로 재무부 소속 수사관 엘리엇 네스Eliot Ness를 투입했습니다.

갱단을 일망타진한 엘리엇 네스

엘리엇 네스는 재무부 내에서도 강직하고 유능하기로 정평이 난 수사관이었습니다. 그는 부정부패와 거리가 멀고 정의감에 불타는 사람들을 선발해 특별수사팀을 꾸린 다음 알 카포네 체포 작전에 돌입했습니다. 영악하기 그지없던 알 카포네는 변호사를 통해 돈다발을 들고 엘리엇 네스의 사무실에 찾아갔지만 문전박대당했습니다. 화가 난 그는 특별수사팀 요원을 차례로 살해하며 압박했지요. 엘리엇 네스는 위협에 굴하지 않고 수사를 계속했습니다. 심지어 그는 자신의 딸을 살해하겠다는 협박에 가족을 멀리 보내는 불편을 감수하면서까지 수사를 중단하지 않았습니다.

그러나 엘리엇 네스는 알 카포네를 끝내 밸런타인데이 대학살의 주범으로 법정에 세우지 못했습니다. 알 카포네는 배후에서 은밀하게 지시했을 뿐, 본인이 직접 나서서 살인하지 않았기 때문에 증거가 충분하지 않았던 것입니다. 살인죄로 처벌하지 못한 대신 불법적인 밀주로 떼돈을 번 그를 조세포탈죄로 법정에 세웠습니다. 알 카포네는 탈세 사실을 숨기기 위해 그동안 치밀하게 돈세탁을 해 왔지만, 그 많은 돈을 전부 세탁하기란 불가능했습니다.

1920년대 시카고에는 세탁소를 운영하는 이탈리아 사람들이 꽤 많았습니다. 알 카포네는 밀주 판매수익을 자신의 영향력 아래에 있는 세탁소가 합법적으로 벌어들인 수입인 것처럼 가장해 정당한 돈으로 만들었습니다. 이처럼 범죄 수익인 밀주 판매대금은 세탁소를 거치면서 정당한 돈처럼 탈바꿈되어 자금 출처 추적을 어렵게 했습니다. 이후 사람들은 불법적으로 형성한 재산을 합법화하는 과정을 두고 '돈세탁'이라고 불렀습니다.

죄수로 전락한 알 카포네

1931년 알 카포네는 조세포탈 혐의로 기소되어 법정에 섰지만 겁내기는커녕 득의양양한 태도로 만면에 웃음을 띤 채 재판에 임했습니다. 그가 사전에 배심원들을 매수해 두었기 때문입니다. 엘리엇 네스는 이런 사실을 미리 알고 있었지만 모르는 척하다가 재판이 시작된 후 판사에게 배심원 교체를 요구했습니다. 알 카포네와 그의 변호인단이 강력하게 항의했지만 판사는 정의로운 엘리엇 네스 편에 서주었습니다.

이듬해인 1932년, 결국 알 카포네는 세금을 빼돌린 혐의가 인정되어 징역 11년형에 처해졌습니다. 미국에서 가장 경계가 삼엄해 아무도 탈출할 수 없다는 철벽의 감옥, 알카트라즈Alcatraz에 투옥된 그는 수감 직전에 감염된 매독으로 정신과 육체가 망가져 갔습니다. 시간이 흐르자 제대로 치료받을 수 없었던 그의 뇌에 매독균이 침범해서

알 카포네가 갇힌 알카트라즈 교도소

마침내 그는 정신까지 이상해졌습니다.

　수감된 지 7년 만인 1939년, 법무부는 폐인이 된 알 카포네를 풀어 주었습니다. 하지만 이미 매독균이 온몸에 퍼져 가석방 후 제대로 활동조차 할 수 없었습니다. 알 카포네는 기후가 온화한 플로리다주 남동부의 도시 팜비치Palm Beach에 정착해 투병 생활을 하다가 1947년 1월 48세의 나이로 세상을 떠났습니다.

두려움이 가져온 윤리, 알 카포네 효과
　1920년 실시된 금주법은 1933년 2월 의회에서 금주법 폐지안이 통과되면서 역사의 뒤안길로 사라졌습니다. 이로써 술 없이 살아갈 수 있는 고상한 인간을 만들려는 시도는 실패로 끝을 맺었습니다. 비록 실패로 막을 내렸지만 금주법이 만들어 낸 파장은 작지 않았습니다.

우선 금주법은 미국 사회를 투명하게 만드는 계기가 되었습니다. 오늘날 미국의 공직 사회는 대체로 투명하지만 알 카포네가 활동하던 시절만 해도 부정부패가 만연했습니다. 평범한 국민의 준법의식도 높지 않아 불법과 탈세가 일상화된 상태였습니다. 금주법 시행 기간에도 부자들은 전용 비밀 술집을 만들어 두고 금주령과 무관하게 술을 마셨습니다. 이 같은 사실은 금주법을 시행하면서 술 소비량이 줄어들 것이라 기대한 것과 달리 오히려 늘어난 사실을 보면 알 수 있습니다.

또 다른 긍정적 효과로 부자들이 국세청을 두려워하게 되었습니다. 이전에는 권력을 가진 고위 관료와 정치인들이 이익집단으로부터 뒷돈을 받는 것을 당연하게 여겼습니다. 기득권층은 불법을 저지르더라도 유능한 변호사를 고용해 법망을 교묘히 빠져나갔습니다. 심지어 1,000여 명의 부하를 둔 갱단 두목이자 불법만 골라 저지른 알 카포네도 "자본주의 사회에서 돈을 받고 물건을 파는 것이 뭐가 잘못됐느냐? 나는 단지 사람들이 원하는 것을 가져다주는 사업가일 뿐이다."라며 자신이 저지른 죄를 전혀 인정하지 않았을 정도로 사회 윤리가 바닥에 떨어져 있었습니다.

하지만 알 카포네가 탈세 혐의로 징역 11년형을 받자, 부자들은 자신도 세금을 제대로 내지 않으면 언제든지 중형을 받을 수 있다는 두려움을 갖게 되었습니다. 그들은 결국 세금을 제대로 내기 시작했습니다. 이런 현상을 두고 '알 카포네 효과'라고 하는데, 오늘날에도 미국인들은 국세청을 무척 두려워합니다.

엄격한 음주 문화

금주법 폐지 이후 미국인들은 합법적으로 술을 마실 수 있게 되었지만 음주에 관한 규제가 전부 사라진 것은 아니었습니다. 각 주마다 규정이 조금씩은 다르지만 미국은 오늘날에도 음주에 관한 엄격한 규제를 유지하는 나라 중 하나입니다. 종교, 의료 등의 특수한 사유를 제외하면 21살이 넘어야 술을 마실 수 있고 미성년자에게 술을 팔면 예외 없이 처벌받습니다. 대학생이라도 21살이 넘지 않으면 술을 마실 수 없으며 대학 내 매점에서도 술을 팔 수 없습니다.

업소에서도 술을 팔려면 정부로부터 허가를 받아야 합니다. 허가받은 술집 역시 정부의 엄격한 규제를 받습니다. 알코올 도수가 높은 술은 병째로 팔 수 없는 곳이 많습니다. 따라서 위스키나 보드카처럼 알코올 도수가 높은 술을 마시는 사람들은 바텐더에게 한 잔씩 주문해야 합니다. 바텐더는 술을 팔기 전에 신분증을 확인하는데 미성년자가 아니더라도 신분증이 없다면 주문할 수도 없고 술집에서 쫓겨나기 쉽습니다. 또 손님이 만취할 경우 더는 술을 팔아서도 안 됩니다. 정부 기관인 '알코올 통제국Alcohol Beverage Control Board' 검사관들이 수시로 술집을 돌아다니면서 미성년자나 만취한 손님에게 술을 파는지를 단속하기 때문입니다.

라스베이거스 등 일부 도시를 제외한 술집들은 새벽 2시 이전까지만 영업할 수 있고 이를 어길 경우에도 처벌을 받습니다. 술을 마신후 길거리에서 소리를 지르거나 비틀거리며 다녀도 처벌의 대상이 됩니다. 야외에서의 음주는 더 엄격히 규제됩니다. 공원이나 해변 등 공공장소에서는 모든 음주가 금지됩니다. 또 개인 소유의 야외 시설에서 술을 마시려고 해도 당국에 미리 신고하고 허락을 받아야 합니다.

이와 같이 음주에 엄격한 제한을 두고 노력함에도 불구하고 해마다 1만 명 이상의 미국인이 음주운전으로 세상을 떠납니다. 정부는 음주운전을 방지하기 위해 부단한 노력을 하고 있는데, 연방제 국가의 특성상 각 주마다 규정은 조금씩 다르지만 음주운전을 하다가 적발되면 즉시 경찰서로 연행됩니다. 경찰서에서 무조건 하룻밤을 지내야 하고, 다음날 가족이 찾아와 보석금을 내야 집으로 돌아갈 수 있습니다. 이후 정식 재판을 통해 유죄가 인정되면 상당한 액수의 벌금을 내야 하며 운전 교육도 다시 받아야 합니다. 이외에도 주말마다 정기적으로 도로를 청소하는 등 사회봉사명령을 수행해야 합니다. 그렇지만 미국의 음주 운전자 처벌은 다른 나라와 비교할 때 솜방망이 처벌에 불과하다는 주장이 자국 내에서 지속적으로 제기되고 있습니다.

★

술에 대한 아픈 사연을 가진 도널드 트럼프 대통령

도널드 트럼프의 아버지는 부동산 개발로 억만장자가 된 사람이다. 그는 큰아들 프레드*가 자신이 일으킨 가업을 잇기를 바랐다. 그러나 장남은 아버지의 기대와 달리 어릴 적부터 민항기 조종사가 되어 하늘을 날기를 원했다. 그때마다 부친은 "비행기 운전사밖에 되지 않으려는 너를 이해할 수 없다."라고 꾸짖었다. 부친과의 갈등은 엄청난 스트레스가 되었고 프레드는 현실의 고통에서 벗어나기 위해 술을 마시기 시작했다. 결국 프레드는 민항기 조종사가 되었지만 이미 알코올 중독 상태라 파일럿이 된 지 불과 1년 만에 회사에서 해고되었다.

어릴 적부터 가졌던 꿈을 잃어버린 프레드는 점점 더 술에 빠져들어갔다. 술은 멋진 외모를 가졌던 프레드의 모습을 흉하게 만들었고 정신마저 파괴했다. 1981년, 프레드는 알코올로 인해 중병을 얻어 42세의 젊은 나이에 세상을 떠났다.

형이 술로 망가지는 모습을 낱낱이 지켜본 도널드 트럼프는 형이 죽자

---

* 도널드 트럼프의 아버지(프레드 트럼프)는 자신의 이름을 장남에게 그대로 물려주며 남다른 애착을 보여주었다. 장남의 정식 이름은 프레드 트럼프 주니어이다.

'술을 입에도 대지 말자.'라고 다짐하며 금주를 신념으로 삼았다. 또 자녀들에게도 술, 마약, 담배는 입에도 대지 말라고 강조하며 금욕적이고 엄격한 가정교육을 했다. 그런데 2016년 대통령이 된 트럼프에게 한 가지 문제가 생겼다. 미국 대통령은 하루가 멀다 하고 외국 정상과 만나야 하는데 만찬장에서는 술잔을 마주치며 건배하는 것이 국제관례였다. 국익을 위해 술을 마셔야 하는 상황에서도 그는 '술을 마시지 않겠다.'는 젊은 시절 자신과의 약속을 지키고 있다. 트럼프의 술잔에는 와인이나 위스키 대신 언제나 콜라가 담겨 있어 건배를 위해 든 잔의 색깔은 와인의 붉은 색이 아니라 콜라의 검은 색이다.

트럼프는 대통령으로 일하면서 받는 급여 중 상당액을 알코올 중독 치료 센터에 기부하며 알코올 중독 퇴치에 앞장섰다. 그가 알코올 중독 치료와 연구에 선뜻 기부하는 것은 형의 죽음으로 술의 위험성을 누구보다 잘 알고 있기 때문이다. 그는 술에는 입을 대지도 않는 자신을 자랑스러워하며, 기회가 될 때마다 자국민을 향해 술의 위험성을 알렸다.

즐거운 마음으로 술을 마시는 사람이 알코올 중독자가 되는 경우는 드물다. 괴로울 때 현실의 고통에서 잠시나마 벗어나기 위해 트럼프의 형 프레드처럼 술을 마시는 경우 점차 술에 의존하게 되면서 알코올 중독자가 된다. 일단 술에 중독되면 스스로 끊을 수 없는 상태가 된다. 알코올 중독은 고치기 힘든 질병이기 때문에 적절한 치료가 꼭 필요하다. 하지만 마약 중독에 비해 상대적으로 관심을 덜 받으면서 해마다 수많은 미국인이 알코올 중독으로 목숨을 잃고 있다. 사실 술은 마약과 다를 것 없지만 인류와 오랜 기간 함께했기 때문에 술의 위험성에 대해 경각심을 갖는 사람은 그다지 많지 않다.

7장

개신교라는 뼈대로 세워진

미국의 정체성

개신교도의 나라

전 세계 대부분의 국가는 자연적으로 생겨났습니다. 까마득한 옛날, 사람들은 야생동물의 공격으로부터 스스로 보호하기 위해 부족을 이루었고 이러한 부족이 점차 민족으로 발전하면서 국가가 탄생했지요. 이에 반해 미국은 종교의 자유를 찾아서 영국을 떠나 아메리카 대륙으로 이주한 청교도들이 세운 보기 드문 종교 국가입니다.

4세기부터 시작된 가톨릭의 유럽 지배는 무려 1,000년 이상 계속되면서 사회의 발전을 가로막았습니다. 당시 가톨릭교회는 면벌부나 천국행 티켓을 판매할 만큼 타락해 있었지요. 가톨릭 신자들은 살아가는 동안 지은 크고 작은 죄를 사제에게 고백하고 뉘우칩니다. 이러한 의식을 통해 죄를 용서받는다고 믿기 때문입니다. 그런데 당시 가톨릭교회에서는 고해성사를 통해 죄를 벗었다 해도 죄의 대가인 벌은 여전히 남아 있다며 돈을 받고 면벌부를 팔았습니다.

16세기 초반 독일의 성직자 마르틴 루터 Martin Luther 는 이러한 가톨릭교회의 부패와 타락에 맞서 종교개혁 운동에 나섰습니다. 종교개혁

독일의 종교개혁가 마르틴 루터

운동이 유럽 전역으로 퍼져 나가자 이를 지지하는 사람들이 곳곳에 나타나게 되었습니다. 이들이 '프로테스탄트Protestant'라 불리는 개신교도입니다. 이로써 기독교 세계는 가톨릭교회와 개신교로 양분되었습니다.

한편 권위적인 영국 국왕은 성공회국교회를 자국의 국교로 삼아 국민에게 강제했습니다. 유럽 전역에 개신교도들이 들불처럼 퍼져 나가고 있었지만 그는 이런 상황에도 아랑곳하지 않고 영국 내 개신교도와 마찰을 일으켰습니다. 국왕들이 성공회를 강요하고 이를 따르지 않는 개신교도를 가혹히 처벌하자 수많은 사람이 종교의 자유를 찾아 목숨을 걸고 대서양을 건너 미국에 정착했습니다. 이처럼 미국은 종교적인 이유로 세워진 나라인 만큼 어떤 나라보다도 종교의 영향력이 컸습니다. 국교를 인정하지 않으며 정치와 종교는 분리된다고 헌법에 규정하고 있지만 이는 명목상의 조항일 뿐, 실제로는 개신교 윤리가 미국 사회를 지배했습니다.

1789년 미국 초대 대통령 조지 워싱턴이 취임식장에서 성경에 입을 맞추며 "하나님, 제가 지금 미국 대통령으로 선서했습니다. 저를 도와주소서!(I swear, so help me God)"라고 한 것은 미국이 개신교 국가라는 것을 보여주는 일화입니다. 당시 조지 워싱턴이 손을 얹고 입을 맞추며 선서한 그 성경책은 고이 보존되어 지금까지 미국 대통령 취임식 때마다 사용되고 있습니다.

　종교는 미국 사람들의 삶에 큰 영향을 미칩니다. 1864년 미국 화폐에 처음으로 등장한 'IN GOD WE TRUST(우리가 믿는 하나님 안에서)'라는 구절은 1956년부터 공식 표어가 되어 미국을 상징하고 있습니다. 미국에서 부활절, 추수감사절, 크리스마스 등 기독교의 기념일은 온 국민이 쉬는 명절이 되었습니다. 또 사립학교는 물론 공립학교에서도 성경의 내용을 가르치고 기도시간을 수업 과정의 일부에 포함하고 있습니다. 일요일을 주님의 날인 주일the Lord's day이라 부르며 온 가족이 함께 교회에 가는 것이 너무나 당연한 일이었습니다.

달러화에 쓰여 있는 'IN GOD WE TRUST'

1960년대 이전까지만 하더라도 미국에서 누군가 '당신의 종교가 무엇이냐?'라고 묻는다면 그것은 수많은 개신교의 교파 중 어디에 속하는지를 말해 달라는 것이었습니다. 침례교, 감리교, 장로교, 퀘이커교, 모르몬교 등 당시 미국의 종교는 개신교 일색이었지요. 물론 모든 이민자가 개신교도는 아니었습니다. 아일랜드, 이탈리아, 스페인, 포르투갈은 루터의 종교개혁 이후에도 계속 가톨릭이 지배했기 때문에 이들 국가에서 온 이민자는 로마 가톨릭을 신봉하며 성당에 다녔습니다.

러시아를 비롯해 루마니아, 불가리아, 폴란드 등 동유럽 국가에서 이민 온 사람들은 정교회를 신봉했습니다. 정교회는 가톨릭, 개신교와 더불어 기독교 3대 종파를 이룹니다. 하지만 개신교를 제외한 나머지 종파는 미국 내에서 별다른 영향력을 발휘하지 못했으며 보이지 않는 차별을 당하기도 했습니다.

원숭이 재판

1859년 11월 24일 영국의 생물학자 찰스 다윈은 오늘날 『종의 기원』으로 알려진 『자연선택에 의한 종의 기원에 관하여, 또는 생존투쟁에서 선호되는 품종에 관하여』라는 책자를 발간했습니다. 이 책을 발매하기 28년 전인 1831년, 스물두 살의 젊은 생물학자였던 다윈은 영국의 해군 측량선인 비글Beagle호를 타고 세계를 돌며 온갖 생물을 관찰했습니다.

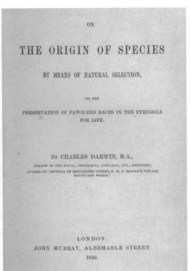

찰스 다윈   찰스 다윈이 저술한 『종의 기원』

　다윈은 남아메리카 동태평양의 섬이나 갈라파고스섬에서 희귀동물을 관찰하면서 진화론에 관한 실마리를 찾았습니다. 고향을 떠난지 5년 만인 1836년에 영국으로 돌아온 다윈은 진화론에 관한 연구를 계속한 결과 마침내 진화론의 경전이나 다름없는 『종의 기원』을 출판했습니다. 그는 저서를 통해 '인간은 신이 창조한 것이 아니라 진화의 산물'이라고 주장하며 그동안 유럽인들에게 불변의 진리로 받아들여진 창조론을 부정했습니다.

　유럽의 기독교인들은 다윈을 격렬히 비난하며 악마로 몰아붙였지만 시간이 지날수록 진화론의 지지자가 늘어났습니다. 얼마 후 미국에도 상륙한 다윈의 진화론은 처음엔 큰 힘을 발휘하지 못했으나 시간이 흐르면서 무신론자와 진보주의자를 중심으로 따르는 사람이 늘

진화론에 영감을 준 갈라파고스

갈라파고스에 사는 이구아나

기 시작했습니다. 그러자 보수 개신교도는 진화론 확산을 막는 일에 앞장섰습니다. 이에 따라 1925년 테네시주 의회는 '공립학교에서 인간이 신의 피조물임을 부인하거나 동물로부터 진화했다는 어떤 이론도 가르쳐서는 안 된다.'라는 내용을 담은 버틀러법을 통과시켜 진화론의 확산을 원천봉쇄하려고 했습니다. 이를 지켜본 미국의 진보단

체인 미국시민자유연맹ACLU은 지금이야말로 진화론을 확산시키기 위한 절호의 기회라고 판단해 한 가지 작전을 세웠습니다.

진화론을 추종한 존 스콥스

1925년 5월, 24세의 고등학교 생물 교사 존 스콥스John Scopes가 행동대원으로 나서서 일부러 아이들에게 진화론을 가르쳤습니다. 이를 알게 된 학부모가 경찰에 신고하자 스콥스는 버틀러법 위반으로 법정에 서게 되었습니다. 그해 7월 테네시주 데이턴Dayton에서 열린 스콥스 재판은 상상을 초월할 만큼 높은 관심을 끌었습니다. 내로라하는 신문사, 라디오, 방송국 등 언론사들이 1,700여 명의 인구가 거주할 뿐인 이 작은 고장으로 몰려들면서 스콥스 재판 과정은 미국 전역에 실시간으로 알려졌습니다. 작은 법정에 5,000명 이상이 몰려들자 판사는 재판정 바닥이 무너질 것을 우려해 야외로 자리를 옮겨 재판을 진행했습니다.

유럽에서도 많은 특파원을 파견해 스콥스 재판에 큰 관심을 보였습니다. 재판은 단순히 스콥스의 범법 행위를 다뤘다기보다는 보수 기독교 신자와 진보주의자의 격렬한 대리전 양상을 띠며 진행되었지요. 스콥스를 법정에 세운 검사는 "성경에는 오류가 없다. 신의 창조

미국 사회를 발칵 뒤집어 놓은 원숭이 재판

물인 위대한 인간이 원숭이에서 진화했다는 근거 없는 헛소리를 늘
어놓는 스콥스를 처벌해야 한다."라고 강력히 주장했습니다. 검사가
성경 이야기를 할 때마다 자리를 메우고 있던 기독교도들은 연신 '아
멘!'을 외쳐 대며 마치 예배당 같은 분위기를 만들었습니다.

그러나 스콥스의 변호인은 "성경은 신학의 영역에 머물러야지 과
학의 영역으로 들어와서는 안 된다. 법을 제정해 학교에서 진화론을
가르치지 못하게 하는 것은 반문명적 발상이다."라면서 뜻을 굽히지
않았습니다. 또한 이브가 아담의 갈비뼈로 만들어졌다거나 뱀이 이
브를 유혹했다는 성경 속 이야기가 과학적으로 증명 가능한 것인지
의문을 제기하며 성경에는 오류가 없다고 주장하던 검사를 궁지에
몰아넣었습니다.

무리하게 스콥스를 기소한 검찰 측은 재판 과정 내내 변호인의 날

카로운 공격에 고전을 면치 못했지만, 재판은 검찰의 승리로 끝났습니다. 당시 테네시주는 개신교의 영향력이 큰 지역이었기 때문에 재판부는 쉽사리 창조론을 부정할 수 없었습니다. 재판부는 검찰 측에 유리한 환경을 조성하기 위해 편파적인 행동도 서슴지 않았습니다. 변호인 측에서 증인으로 내세우려던 과학자들을 재판정에 서지 못하도록 막은 것입니다. 결국 스콥스는 버틀러법 위반으로 법정 최저형인 벌금 100달러를 부과받았습니다. 이른바 '원숭이 재판'으로 역사에 남은 스콥스 재판은 유럽에 비해 미국이 얼마나 개신교도에 의해 좌우되는지 보여주는 사례였습니다.

스콥스는 비록 재판에서 졌지만 검사 측과 변호사 측의 변론 내용이 언론을 통해 일반인에게 생생히 공개됨으로써 창조론에 대한 의문을 증폭시켰습니다. 다양한 이론을 배울 학생의 권리를 제한한 법인 버틀러법은 1967년 폐지되었습니다. 원숭이 재판이 있고 42년이 흐른 뒤였습니다.

세속화의 길로 들어서다

1960년대는 미국 역사에서 가장 격렬한 시대로 불릴 정도로 여러 가지 일이 일어났습니다. 우선 마틴 루터 킹과 말콤 X 같은 걸출한 인물이 흑인 인권 향상 운동에 나서면서 흑인의 지위가 예전에 비해 크게 향상되었습니다. 흑인이 참정권을 통해 자신들의 목소리를 내는 것을 불쾌하게 여긴 백인도 많았지만 시대적 흐름을 거스를 수는

미국을 세속국가로
만들고자 노력한
존 F. 케네디 대통령

없었습니다.

또한 1960년대 초부터 본격화된 베트남전쟁은 미국 사회를 가장 크게 변화시켰습니다. 미국은 아시아에 사회주의가 퍼지는 것을 막기 위해 베트남전에 나섰지만 국민뿐 아니라 세계 많은 나라로부터 비난의 화살을 맞았습니다. 베트남전 기간에 징병제*를 실시하면서 수많은 젊은이가 파병되어 전쟁을 치러야 했습니다. 베트남전은 미국 청년들에게 기존 질서에 대한 반항심을 유발해 극심한 반전운동과 함께 탈종교화 현상을 몰고 왔습니다.

미국 젊은이들은 기존의 질서에 순응하지 않았습니다. 기성세대에

---

* 국가가 국민에게 법적으로 병역의 의무를 부여하는 의무 병역 제도.

저항하는 수단으로 마약, 술, 남녀 간의 자유 동거 등 기독교적 가치관과는 맞지 않는 일을 서슴없이 행했습니다. 게다가 젊고 진보적인 미국의 제35대 대통령 존 F. 케네디는 반기독교적 정책을 적극적으로 추진하며 미국 사회를 유럽처럼 세속화하는 일에 앞장섰습니다.

이 같은 시대적 분위기의 영향으로 1967년 연방 대법원은 진화론 교육을 금지하는 모든 법안을 위헌으로 폐지했습니다. 이와 더불어 공립학교에서 수업 중에 성경의 내용을 가르치거나 기도시간을 갖지 못하도록 했습니다. 이는 1620년 청교도의 미국 상륙 이후 가장 중요하게 여기던 종교적 전통이 미국에서 사라지는 것을 의미했습니다.

버틀러법을 폐지하는 연방 대법원의 판결을 기점으로 미국 전역의 학교에서 진화론을 가르치기 시작해 기독교인의 자존심을 크게 상하게 했습니다. 게다가 1970년대 유럽 학자들은 다윈의 진화론을 더욱 발전시켜 사람의 행동이 유전자에 의해 결정된다는 '유전자 결정론'을 설파했습니다. 이 역시 과거 다윈의 진화론처럼 미국 사회에 큰 영향을 미쳤습니다.

1976년 영국 옥스퍼드 대학의 진화생물학자 리처드 도킨스Richard Dawkins는 유전자가 인간의 모든 것을 결정한다고 주장한 여러 학자의 이론을 집대성해 『이기적 유전자』라는 책을 발간했는데 내용이 상당히 파격적이었습니다.

유전자 결정론을 주장하는 학자들은 '지구상의 모든 생명체는 신의 섭리에 따라 창조된 것이 아니라 생명체를 구성하는 유전자가 영생하기 위한 숙주일 뿐'이라고 주장했습니다. 생명체의 진정한 주인은 몸속의 유전자로서 인간은 유전자가 미리 정해놓은 프로그램대로 행동하는 로봇과 같은 존재라는 것이었죠. 인간이 결혼하는 것은 유전자가 계속 살아남기 위한 선택이며 동성애를 금기시하는 것 역시 유전자의 생존을 위해서라는 이론입니다.

바이블 벨트

광활한 영토를 자랑하는 미국은 종교에 대한 관심도가 지역별로 많은 차이를 보입니다. 뉴욕이나 로스앤젤레스처럼 다양한 인종이 뒤엉켜 사는 대도시는 종교적인 색채가 약하지만, 백인이 많이 사는 지역은 아직도 기독교의 지대한 영향을 받고 있습니다. 특히 유타,

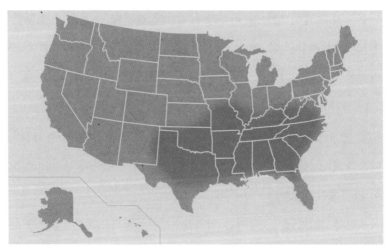

바이블 벨트 지역

독실한 기독교인이 많이 사는 미국 남부 바이블 벨트 지역 사람들

텍사스, 조지아, 미시시피, 루이지애나, 아칸소, 테네시, 켄터키 등 중부와 남부는 개신교 교파 중 가장 보수적인 복음주의 교파의 근거지로서 '바이블 벨트Bible Belt'로 불릴 정도로 종교가 삶에 큰 영향을 미치고 있습니다.

미국 중부와 남부에 몰려 있는 보수적인 복음주의자들은 이교도와 유색인종의 이주, 동성애, 낙태, 안락사, 매춘, 마약 등의 이슈에 대해 반대를 외칩니다. 특히 생명을 중시하는 복음주의자들은 낙태를 극단적으로 혐오합니다. 그들은 개신교를 믿는 백인 중심의 사회를 만드는 일에 앞장서고 있습니다.

미국에서는 유럽과 달리 제한적으로 낙태를 인정해 왔습니다. 병원에서 합법적으로 낙태할 수 있는 경우는 임신으로 인해 산모의 생명이 위독하거나, 태아에게 유전적인 결함이 있거나, 성범죄의 결과

낙태 합법화를 주장한
노마 맥코비

로 임신을 하게 되는 등 극히 예외적 경우뿐입니다. 하지만 현실 사
회에서는 아이를 키울 만한 처지가 못 되어 낙태를 원하기도 합니다.
이때 미혼모이거나 경제력이 없다는 이유로 낙태하는 일은 법으로
엄격히 금지되기에 불법으로 낙태 시술을 받거나 아니면 아기를 낳
아 입양을 보내게 됩니다.

1969년 남부 텍사스주에서 저임금 비정규직 노동자로 일하던 노
마 맥코비Norma McCorvey는 임신을 하게 되자 경제적 이유로 낙태를 원
했습니다. 당시 보수적인 텍사스에서는 산모의 생명을 해칠 위험성
이 있는 경우 외에는 낙태가 금지되어 있어 맥코비는 낙태를 허용하
는 주나 외국으로 나가야 하는 처지였습니다. 먹고살기에도 빠듯하
던 그녀는 원정 낙태 비용을 마련할 수 없어 고민하고 있었습니다.
이때 낙태 합법화를 주장하는 사람들이 그녀에게 정부를 상대로 낙
태 합법화 소송을 내라고 권유했습니다. 결국 맥코비는 낙태 합법화

소송을 제기했고, 이 사건은 연방 대법원에서 최종 판결을 기다리게 되었습니다.

1973년 연방 대법원은 낙태를 여성의 권리로 인정해 기존 관점을 뒤집고 낙태를 합법화했습니다. 임신 3개월까지는 임산부가 원하면 자유로이 낙태할 수 있고, 4개월부터 6개월 사이의 기간에는 의사와의 협의하에 낙태할 수 있도록 했습니다. 다만 임신 6개월이 지난 이후에는 낙태하지 못하도록 제한했습니다.

연방 대법원이 임산부에게 일정 기간 자유로이 낙태할 수 있는 권리를 부여하자, 그동안 낙태를 결사반대하던 개신교도들은 충격에 빠졌고 이를 계기로 똘똘 뭉치게 되었습니다. 더구나 맥코비가 태도를 바꾸어, 자신은 낙태 합법화를 주장하던 사람들의 간교한 꾀에 넘

낙태를 합법화한 연방 대법원

어가 소송을 제기했다고 말하는 바람에 더욱 분노했지요. 그녀는 낙태 합법화 소송을 제기한 후 아기를 낳았는데, 막상 연방 대법원의 판결이 나오자 낙태 반대 운동가로 돌변했습니다.

낙태 합법화 판결 이후 바이블 벨트에 사는 복음주의 개신교도는 대선을 비롯한 각종 선거에 활발히 참여하며 정치적 영향력을 적극적으로 행사하기 시작했습니다. 복음주의자들이 자신의 입맛에 맞는 후보에게 표를 몰아주면서 각종 선거에서 큰 영향을 미치자 정치인들로서는 이들의 눈치를 보지 않을 수 없었습니다.

바이블 벨트의 개신교도는 자신들이 기독교적 가치라고 여기는 것들을 수호하기 위해 목소리를 냅니다. 그들은 전통적으로 공화당을 지지하지만 기독교적 윤리관을 내비치는 후보에게 표를 던지는 정치 세력이기도 합니다.

보수적인 바이블 벨트 지역에도 동성애자의 결혼을 허락하는 등 변화의 바람이 감지되고 있습니다. 미국은 주마다 법률이 조금씩 다르기는 하지만 그래도 연방 대법원이 각 주의 법원보다는 상급 기관입니다. 따라서 연방 대법원에서 인권보호, 차별금지, 평등권 보호 등의 헌법 이념을 들어 정책 방향을 정하면 각 주의 법원도 같은 흐름으로 가게 됩니다.

복음주의자가 많이 사는 남부의 바이블 벨트와 달리 개신교도가 적은 서부 지역은 '비교회 지대'라는 뜻으로 '언처치트 벨트Unchurched Belt'라 불립니다.

지적 설계론의 등장

1987년 연방 대법원은 공립학교에서 창조론을 가르쳐서는 안 된다는 판결을 내렸습니다. 이는 국가가 진화론을 정식으로 인정한 것으로, 미국 내 기독교인은 또다시 분노했습니다. 인류의 조상이 원숭이와 다를 것 없다는 사실을 도저히 인정할 수 없었던 사람 중 일부는 지적 설계론Intelligent Design을 들고나와 다윈의 진화론에 맞서기 시작했습니다.

지적 설계론은 쉽게 말해 엄청난 능력이 있는 누군가에 의해 생명체가 만들어졌다는 이론입니다. 기독교의 창조론에서는 하나님이 이 세상을 창조했다고 말하지만, 지적 설계론자들은 '하나님'이라는 표현 대신 '위대한 능력자'가 생명체를 창조했다고 주장합니다. 지적 설계론에 의하면 생명체를 창조한 것이 기독교의 하나님일 수도 있고 심지어 외계인일 수도 있습니다.

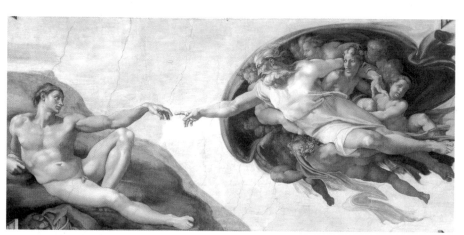

신의 권능을 표현한 미켈란젤로의 '아담의 창조'

개신교도들은 지적 설계론이 마음에 들지 않는 면이 있긴 하지만 진화론의 독주를 막기 위한 유일한 대항마라고 인식하고 있습니다. 2000년대 들어 기독교인이 많이 거주하는 지역을 중심으로 학교 교육과정에서 진화론과 함께 지적 설계론을 가르치는 곳이 생겨났고 시간이 흐를수록 그 수가 점점 늘어나고 있습니다. 아직도 국민의 60% 이상이 창조론을 믿을 정도로 미국 사회는 기독교와 밀접한 관계를 이루고 있기에 지적 설계론이 힘을 얻고 있습니다.

오늘날 전 세계 많은 학자는 학교에서 진화론만을 가르치는 것은 위험하다고 주장하고 있습니다. 다윈의 진화론이 세상에 등장한 지 150년이 지났지만, 오류가 없다는 것을 아직 과학적으로 입증하지 못하고 있기 때문입니다. 진화론이 생명체의 등장에 관한 하나의 가설에 불과할 뿐 과학적 진리가 아니라고 생각하는 사람들은 판단력이 부족한 어린 학생들에게 진화론만 가르쳐서는 안 된다고 주장하고 있습니다.

'악의 제국'과의 싸움

1917년 등장한 사회주의 소련에서는 종교를 마약과 같은 해로운 존재로 규정하고 억압의 대상으로 삼았습니다. 사회주의자들은 인간은 신이 없이도 얼마든지 살 수 있는 자주적인 존재라고 주장하며 종교탄압에 앞장섰습니다. 사회주의 소련이 등장하기 이전까지만 하더라도 러시아에서는 기독교 분파인 정교회가 크게 득세하며 종교가 사람들의 생활에 큰 영향을 미쳤지만 공산화가 된 이후에는 사회주의가 종교를 대신했습니다.

기독교를 신봉하는 미국 사람들에게 소련은 도저히 공존할 수 없는 존재였습니다. 사회주의에 대한 미국인들의 혐오감은 상상을 초월해 사회주의의 확산을 막기 위해서라면 전쟁도 불사했습니다. 한국선쟁과 베트남전쟁은 모두 반기독교적인 사회주의에 맞서기 위해 미국이 개입한 전쟁이었습니다. 미국은 사회주의의 확산을 막기 위해 아프리카나 아시아의 독재정권을 후원하면서 많은 비판을 받았지만 그들에게 사회주의를 막는 것보다 중요한 일은 없었습니다.

평소 독실한 기독교 신자였던 로널드 레이건은 종교의 자유를 인

미국인들에게 악의 세력으로 각인된 옛 소련

정하지 않는 사회주의 소련이 정상적인 국가가 아니라고 주장했습니다. 레이건과 비슷한 생각을 하던 미국의 많은 기독교인은 재임 기간 동안 종교적 색채를 드러내지 않고 반反기독교 정책을 추진하던 카터 대신 레이건을 대통령으로 선택했습니다. 기독교인의 절대적인 지지를 기반으로 레이건은 대선에서 압승을 거두며 미국 사회에서 종교의 힘이 얼마나 강력한지를 보여주었습니다.

레이건은 대통령이 된 후 소련을 붕괴시키는 일에 앞장섰습니다. 그는 1983년 플로리다에서 한 연설에서 소련을 '악의 제국'이라 부르며 적대감을 드러냈습니다. 선한 기독교 국가 미국이 악의 제국인 소련을 붕괴시켜야 할 의무가 있다고 주장했지요. 미국이 매년 큰 폭으로 국방비 지출을 늘리며 군사력 강화에 힘을 쏟자 소련 역시 군사력 강화에 온 국력을 쏟아부어야 했습니다.

경제력에서 미국에 한참 뒤졌던 소련이 군사력만큼은 미국에 뒤지지 않기 위해 무리한 군비 확장 경쟁을 벌인 결과 소련 경제는 파탄에 이르게 되었습니다. 1991년 소련 연방이 해체되면서 '악의 제국'은 역사의 뒤안길로 사라졌지만 그렇다고 세계 평화가 찾아온 것은 결코 아니었습니다.

사회주의의 몰락과 문명의 충돌

1991년 소련이 붕괴되자 미국 사람들은 승리를 만끽했습니다. 제2

차 세계대전 이후 끊임없이 미국의 안보를 위협해 오던 사회주의 종주국이 사라진 만큼 세상은 미국 위주로 돌아갈 것으로 생각했기 때문입니다. 당시 미국의 저명한 정치학자들은 대부분 미국식 자본주의와 민주주의의 우월함을 치켜세웠습니다. 그리고 미국이 세계 평화를 주도하는 팍스아메리카나 시대가 열렸음을 선언했습니다.

하지만 하버드대 조지프 나이 Joseph Nye 교수는 사회주의 소련이 사라졌다 하더라도 세계 평화가 찾아오지 않을 것이라 주장하며 주의를 끌었습니다. 그는 과거 냉전과 같은 사회주의 대 자본주의라는 이념경쟁 시대는 끝났지만 이보다 더 심각한 문명의 충돌이 있을 것으로 판단했습니다. 지구상에 있는 수많은 문명 중 이슬람과 기독교 문명의 충돌이 일어날 가능성이 크다고 판단했는데, 이들 종교의 교리가 다른 종교에 대해 상당히 배타적이기 때문이었습니다.

이슬람 교리에 따르면 '세계는 알라의 것이다. 불신자를 발견하면 장소를 불문하고 죽여라. 저들이 너희를 공격하면 저들을 창끝에 매달아라. 유일한 믿음은 이슬람밖에 없다.' 등 다른 종교와의 공존을 인정하지 않습니다. 기독교에서도 역시 유일신 사상을 강조합니다. 신자가 반드시 지켜야 하는 십계명 중 첫 번째 계명은 '나 이외에 다른 신을 섬기지 말라.'라는 문장입니다.

유일신을 따르는 기독교와 이슬람은 역사적으로 끊임없이 충돌하면서 서로 적대심을 키웠습니다. 특히 11세기 후반부터 13세기까지 200년 가까이 계속된 십자군 전쟁은 두 종교 사이에 도저히 메울 수

예루살렘을 정복하기 위해 나선 유럽의 십자군

없는 감정의 골을 만들었습니다.

기독교가 유럽을 지배하던 11세기 말, 교황을 비롯한 유럽 각국의
국왕들이 대규모 병력을 중동 지역으로 보내면서 피비린내 나는 십
자군 전쟁의 막이 올랐습니다. 기독교 성지인 예루살렘을 무슬림으
로부터 되찾는다는 명분이었습니다. 예루살렘 탈환 전쟁에 참전한
유럽의 군인들은 가슴과 어깨에 기독교를 상징하는 십자가 표시를
했기 때문에 '십자군'이라 불렸습니다.

중동을 침략한 십자군은 성지탈환이라는 종교적 대의명분을 내세
우며 가차 없이 무슬림을 학살해 수백만 명의 희생자가 생겨났습니
다. 무슬림 역시 십자군을 상대로 성전聖戰에 나서 200년 동안이나 맞
서 싸우면서 잔혹한 보복을 일삼았습니다. 십자군 전쟁은 전쟁 기간

내내 피가 강을 이룰 정도로 참혹했습니다.

전쟁이 막을 내린 지 700년이 훨씬 지났음에도 기독교도와 무슬림 세력 간의 증오와 반감은 계속되고 있습니다. 미국이 중동 지역에 군대를 보낼 때마다 무슬림은 마치 십자군이 나타난 것처럼 불쾌하게 생각합니다.

2001년 9월 11일 사우디아라비아 출신 테러리스트 오사마 빈 라덴Osama Bin Laden이 이끄는 알카에다Al-Qaeda 조직원들이 항공기를 이용해 미국을 공격하는 사상 초유의 사태가 발생했습니다. 미국 본토를 공격하여 9·11테러 사건을 일으킨 무슬림에 대한 국민의 반감이 팽배해졌습니다.

당시 미국 대통령은 조지 W.부시였는데 그는 바이블 벨트에 해당하는 남부 텍사스 출신의 복음주의자였습니다. 부시는 기독교적 관점에 따라 세상을 선과 악으로 구분하고 이란, 이라크, 북한을 묶어 '악의 축'이라고 규정지었지요. 당시 부시 대통령과 만났던 유럽 지도자들은 훗날 하나같이 그가 지나칠 정도로 종교적인 사람이었다고 언급했습니다.

악명 높았던 테러 지도자 오사마 빈 라덴

미국을 공격한 테러리스트를 응징한다는 명분 아래 부시 대통령은 아프가니스탄과 이라크를 공격해 수십만 명에 이르는 희생자를 냈습니다. 그는 '테러와의 전쟁'을 선포하며 전 세계 국가를 향해 테러에 대한 전쟁에 참여하라고 촉구했습니다. 이를 두고 이슬람 세계에서는 제2의 십자군 전쟁이라는 말이 돌았을 정도로 미국의 이라크 침공은 중동 지역에서의 반미 감정을 부추기는 부정적인 역할을 했습니다. 무슬림의 반미 감정은 서구 사회에 대한 증오로까지 발전되어 세계정세는 더욱 불안정해졌습니다.

정치세력화 된 보수주의 개신교도

미국은 오래전부터 민주당과 공화당 양당체제가 굳건히 자리 잡은 나라입니다. 다른 나라에서는 새로이 탄생한 정당이 돌풍을 일으키며 집권에 성공하는 경우도 종종 발생합니다. 이에 비해 미국은 제3정당이나 무소속 후보가 대선에 출마할 경우 미미한 지지율에 머물 뿐 돌풍을 일으키기란 거의 불가능합니다.

공화당 출신인 미국 제26대 대통령 시어도어 루스벨트는 1901년부터 1909년까지 집권하면서 그동안 전횡을 일삼던 대기업을 개혁하고 복지제도를 도입하는 등 누구도 따라 하기 힘든 엄청난 업적을 이루었습니다. 하지만 1912년 있었던 대통령 선거에서 그는 자신이 이룬 탁월한 업적에도 불구하고 대선에서 고배를 마셔야 했답니다. 공화당이나 민주당이 아닌 제3정당, 진보당 후보로 출마한 것이 패배의 원인이었습니다.

이와 같이 미국 내에서 민주당과 공화당 양당체제는 절대로 무너지지 않는 성처럼 견고해 정치인이 되려는 사람은 양당 중 한 곳 이외에는 선택의 여지가 없습니다. 공화당을 지지하는 사람은 주로 백인, 부유층, 남성, 기독교인이 많습니다. 특히 남부의 바이블 벨트에 사는 기독교인들은 선거철마다 공화당 후보에 표를 몰아주며 자신의 존재감을 드러냅니다. 공화당 출신 정치인들은 지지 세력의 요구를 관철하기 위해 최선을 다하고 기독교인이 싫어하는 낙태, 동성애, 무슬림 유입 등에 대해 보수적인 시각을 드러냅니다.

이에 반해 민주당은 유색인종, 서민층, 여성, 진보주의자 등 비주류

자신들도 미국인임을 알리는 무슬림

무슬림 논란에 휘말린 버락 오바마

세력의 지지를 기반으로 유지되고 있습니다. 1960년대 젊은 진보주의자 존 F.케네디가 대통령에 당선되기 이전까지만 하더라도 민주당과 공화당은 종교 정책에서 크게 다를 것이 없었습니다. 하지만 민주당 출신 케네디는 미국을 탈종교화하기 위해 부단한 노력을 기울여 공립학교에서 성경 공부와 기도시간을 없애는 데 앞장섰습니다. 케네디가 암살당한 이후에도 민주당은 계속해서 탈종교화 정책에 나서며 기독교인의 반감을 샀습니다.

2008년 대선에 출마한 민주당의 버락 오바마 후보는 보수적인 기독교인의 표를 얻기 위해 고심했습니다. 당시 언론과의 인터뷰에서 기자는 예수 그리스도가 어떤 존재냐고 물었습니다. 그러자 오바마는 "예수 그리스도는 나의 삶을 지탱해 주는 힘의 원천입니다. 저는

그분 없이 혼자의 힘으로 걸을 수도 없습니다."라고 말하여 기독교인의 심금을 울렸습니다.

오바마의 풀네임은 버락 후세인 오바마_{Barack Hussein Obama}로, 이름 중간에 후세인이 들어가 있습니다. 후세인은 이슬람권에서 무척 흔한 성_姓이어서 출마 당시 논란이 되었습니다. 보수적인 수많은 백인 기독교인들은 백인이 아닌데다 이름 가운데에 이슬람식 성까지 있는 오바마는 미국 대통령에 적합한 인물이 아니라고 여겼습니다.

이를 잘 알고 있었던 오바마는 자신이 보수적인 기독교인으로서 이슬람과는 무관하다는 것을 수시로 알리고 다녔고 집권 후에도 기독교 정신에 어긋나지 않는 정책을 펴겠다는 다짐을 수없이 했습니다.

기독교도의 지지 속에 대통령에 당선된 오바마는 집권 이후 동성애와 낙태 등 미국 사회의 민감한 문제를 다루면서 과거 케네디처럼 유연하고 진보적인 자세로 일관했습니다. 그는 집권 기간 내내 성 소수자에 대한 차별을 방지하기 위해 노력했습니다. 일례로 육군장관 자리에 동성애자를 임명하고 백악관 인사 담당자에 트랜스젠더 출신 직원을 고용하기도 했습니다. 또 무슬림을 비롯한 다양한 종교적·문화적 배경을 지닌 사람들이 불편 없이 살 수 있도록 적극적인 조치를 했습니다. 이 같은 오바마의 조치는 미국 사회의 주류를 이루는 백인 기독교도의 눈에 좋지 않게 비쳤습니다. 이는 2016년 대선에서 뜻밖의 결과를 내는 중요한 원인이 되었습니다.

'메리 크리스마스'를 약속한 트럼프

2016년 대선은 공화당의 도널드 트럼프 후보와 민주당 후보 힐러리 클린턴의 맞대결로 펼쳐졌습니다. 부동산 개발업자였던 트럼프는 원래 어떤 정당에도 소속되지 않은 사람이었지만 대선에 출마하기 위해 공화당에 가입했습니다. 그는 평소 점잖지 못한 언행을 일삼아 주변 사람들의 비난을 받기도 했지만 성공한 사업가답게 누구보다도 현실에 밝았습니다. 트럼프는 이민자의 대량 유입으로 전체 인구 중 백인이 차지하는 비율이 급격히 줄어드는 현상에 관심을 가지고 이를 선거 전략으로 활용했습니다.

2000년 대선에서 전체 유권자 중 백인이 차지하는 비율은 78%

에 달했지만 2016년 대선에는 사상 처음으로 69%까지 떨어졌습니다. 기독교를 믿는 백인의 출산율이 낮은 반면 중남미 출신 히스패닉과 무슬림의 출산율은 매우 높아 이들이 전체 인구에서 차지하는 비중은 계속해서 늘어나고 있답니다. 이 같은 추세가 지속될 경우 2050년에는 백인의 비중이 50% 이하로 줄어들어 다수 단일 인종의 지위를 잃을 것으로 전망됩니다.

영국 청교도가 메이플라워호를 타고 아메리카 대륙을 개척한 이후 미국은 항상 백인의 나라이자 개신교의 나라였지만 다양한 인종이 유입되며 예전의 미국과는 다른 모습으로 변해 가고 있습니다. 따라서 그동안 미국의 주인 노릇을 하던 백인과 개신교도는 위기감에 휩싸이게 되었습니다.

가톨릭 비율이 높은 미국의 히스패닉

미국의 히스패닉

트럼프는 앞으로도 백인이 다수로 남을 수 있도록 히스패닉의 유입을 막는 것을 주요 선거공약으로 내세웠습니다. 히스패닉이 미국으로 유입되는 주요 통로인 멕시코와의 국경에 거대한 장벽을 세워 불법 이민을 철저히 막겠다고 약속했습니다. 장벽 건설에 들어가는 막대한 비용은 멕시코가 부담하도록 만들겠다는 호언장담까지 했습니다. 게다가 9·11테러 이후 미국의 안보에 최대 위협이 되는 무슬림의 테러를 막기 위해 외부 무슬림의 입국 금지를 약속했습니다. 미국에 사는 무슬림은 전부 특별관리 대상으로 등록해 철저히 감시하겠다고 공약도 걸었습니다.

트럼프는 개신교도의 마음을 사로잡기 위해 1954년 제정된 존슨법을 대통령 취임 즉시 폐지하겠다고 공약했습니다. 존슨법이란 민

기독교인의 호감을 사는 선거 전략을 택한 트럼프 대통령

주당 상원의원 린든 존슨이 만든 법안으로 종교의 정치 개입을 방지하기 위한 법률입니다. 만약 목사가 정치적인 발언을 할 경우 교회가 누리는 면세 혜택을 박탈하는 법안으로, 성직자가 교회에서 특정 후보를 지지하는 정치적 발언을 할 수 없도록 하는 효과가 있었습니다. 존슨법은 교회 목사들을 분노케 했지만 헌법에 정치와 종교의 분리 원칙이 명시돼 있어 그 누구도 존슨법의 폐지를 약속하지 않았습니다.

트럼프는 기독교인의 호감을 사기 위해 선거 기간 내내 "나의 삶을 송두리째 하나님께 바쳤다. 반기독교적인 낙태와 동성애를 극구 반대한다." 등의 발언을 자주 했습니다. 그는 대선 승리를 위해 신앙심이 매우 두터운 기독교인이라는 이미지에서 벗어나지 않도록 주의를 기울였습니다. 이 전략은 상당히 효과적이었습니다.

오래전부터 기독교의 나라 미국에서는 예수의 탄생일인 크리스마스에 '메리 크리스마스'라는 인사를 나누며 성탄을 축복했습니다. 또 관공서나 백화점 등 사람이 많이 모이는 곳에 크리스마스트리를 설치하고 캐럴을 틀어 놓는 것을 당연시했습니다. 하지만 민주당 출신 대통령은 정치와 종교 분리의 원칙상 '메리 크리스마스' 대신 즐거운 휴일을 뜻하는 '해피 홀리데이Happy Holidays'라는 인사말을 사용하기 시작했습니다. 그러자 '메리 크리스마스'는 차츰 금기어가 되어갔습니다.

해마다 12월 25일이 되면 공화당 출신의 정치인은 주로 '메리 크리스마스'라며 시민들과 인사하지만 민주당 출신의 정치인은 '해피

기독교 문화가 남아 있는 인사 '메리 크리스마스'

홀리데이'라고 말할 정도로 양당 간에는 정서적 차이가 큽니다.

과거 시끌벅적하던 크리스마스는 평범한 공휴일 중 하나로 변해 갔습니다. 공공건물이나 공립학교에서 크리스마스트리를 설치하거나 캐럴을 틀 경우 무신론자나 무슬림 등이 소송을 제기했기 때문입니다. 이에 기독교인은 기독교의 가장 큰 명절인 성탄절에 '메리 크리스마스'라는 말도 마음 놓고 하지 못하는 현실에 엄청난 불만을 품고 있었습니다. 이를 간파한 트럼프는 크리스마스를 선거 전략으로 활용했습니다. 자신이 대통령이 되면 종교적 색채가 가득한 크리스마스를 부활시켜 기독교인이 마음껏 '메리 크리스마스'라는 성탄절 인사를 나눌 수 있도록 하겠다고 약속했습니다.

이와 같이 트럼프는 아직은 인구의 다수를 차지하고 있는 백인 기

종교적 색채를 뺀 인사 '해피 홀리데이'

독교도 유권자의 마음을 사로잡기 위해 치밀한 선거공약을 개발했습니다. 하지만 힐러리는 평소 트럼프가 인종차별적 발언과 막말을 일삼아 유권자들이 뽑아 줄 리 없다고 생각해 대선에서 자신이 쉽게 승리하리라 믿었지요. 게다가 민주당 후보였던 만큼 히스패닉, 흑인, 아시아인 등 이제 미국 인구의 30% 이상을 차지하게 된 유색인종의 몰표를 받으면 트럼프를 가볍게 누를 수 있다고 생각해 방심했습니다.

진보주의자 힐러리는 무슬림에게 우호적인 정책을 약속했습니다. 또 동성애자 모임에 참석해 함께 행진하는 등 백인 기독교인이 싫어할 만한 일을 아무 계산 없이 했습니다. 힐러리가 속한 민주당 의원들은 화장실과 탈의실의 남녀 구분을 철폐하여 완전한 남녀평등을 실현하기 위한 정책 등을 제시했습니다. 이러한 공약들은 급진적이어서 기독교인뿐 아니라 다른 일반인도 이해하기 어려워 민심을 거스르게 되었습니다.

힐러리와 민주당이 급진적인 정책으로 국민을 불안하게 만들자 백인 유권자 사이에는 '썩은 사과가 독사과보다 낫다'는 말이 유행하기 시작했습니다. 거친 말을 쏟아 내는 트럼프는 인성에 문제가 있지만, 최소한 기독교가 중심이 되는 미국적 가치를 훼손하지 않을 사람이라고 판단했습니다. 따라서 트럼프의 잘못된 부분만 고치면, 즉 사과의 썩은 부분만 도려내면 큰 문제가 없다고 판단했습니다. 이에 반해 백인 외의 인종과 무슬림 등에게 우호적이고 동성애와 낙태를 옹호하는 힐러리는 한 입만 베어 물어도 죽을 수 있는 독사과라고 생각해

지지를 꺼렸습니다.

2016년 11월 8일 대선일이 되자, 백인 기독교인들은 투표장에 몰려나와 트럼프에게 몰표를 던져 그를 미국 제45대 대통령에 당선시켰습니다. 2016년 대선은 두 가지 측면에서 중요한 의미를 남겼습니다. 첫째, 미국은 남성 중심의 사회로서 여성을 초강대국의 지도자로 받아들이지 않는다는 사실이었습니다. 둘째, 미국은 여전히 백인 기독교인의 힘이 막강하고 종교적 색채가 강한 국가라는 현실이었습니다.

대선 개표 결과가 나오기 전 대부분의 여론조사에서는 민주당 후보 힐러리 클린턴의 승리를 예상했습니다. 그러나 예상과 달리 공화당의 트럼프가 당선되어 대이변을 연출했습니다. 현실에 밝은 트럼프는 전략적으로 민주당 출신의 전임 대통령 오바마와 정반대되는 공약을 내세워 승리를 거머쥐었습니다.

트럼프는 대통령에 당선된 이후 자신이 내세운 선거공약을 실천에 옮기면서 마찰을 빚기 시작했습니다. 그가 국내 모든 무슬림을 강제 등록해 관리하려고 하자 마이크로소프트, 페이스북, 애플, 구글 등 미국 유수의 정보통신기술 업체가 일제히 반기를 들었습니다. 이들 기업은 정부의 무슬림 통제정책에 협조하지 않겠다는 뜻을 명확히 밝히며 트럼프 정부에 행정명령을 거둘 것을 요구했습니다.

특이한 점은 미국 내 유대인이 무슬림과 힘을 합쳐 트럼프의 무슬림 통제정책에 맞서 나간다는 것입니다. 유대인은 제2차 세계대전

다윗의 별을 달아야 했던 유대인

기간에 나치 독일에 의해 600만 명이나 목숨을 잃은 슬픈 역사의 민족입니다. 당시 아돌프 히틀러가 유대인을 탄압하면서 가장 먼저 한 일은 독일 내 유대인을 색출해 등록하는 일이었습니다. 이후 히틀러는 모든 유대인에게 '다윗의 별'이라 불리는 노란색 별 모양 마크를 어깨나 가슴에 항상 착용하도록 명령했습니다. 유대인을 독일인과 철저히 구분한 것은 대학살로 가는 전 단계로서 매우 위험한 일이었습니다.

실제로 트럼프가 대통령에 당선된 이후로 무슬림이나 유색인종을 대상으로 한 증오범죄가 급증하자 많은 국민이 1960년대 이전에 횡행한 백인 우월주의 사회로 돌아갈까 봐 우려하게 되었습니다. 따라서 미국 내 유대인은 트럼프가 히틀러와 같은 비인간적인 일을 저지르지 못하도록 평소 사이가 좋지 않던 무슬림과 함께 공동 전선을 펼치게 되었습니다.

아미시Amish의 평화로운 삶이 던지는 교훈

16세기 독일의 성직자 마르틴 루터가 종교개혁에 나선 이후 유럽에는 여러 종류의 개신교 교파가 등장했습니다. 그중 하나가 아미시Amish입니다. 아미시는 주로 독일 남부 혹은 스위스 내 독일인 거주 지역에서 교세를 확장했습니다. 그들은 성서적 평화주의 실천을 이유로 모든 병역을 거부하면서 정부와 마찰을 빚기 시작했습니다. 정부로부터 극심한 탄압을 받자 아미시는 종교의 자유를 찾아 17세기 말 미국으로 이주하기 시작했습니다.

유럽에서는 문제아 취급을 받았던 아미시 공동체는 기독교의 나라 미국에서는 아무런 탄압도 받지 않았습니다. 펜실베이니아주 랭커스터Lancaster에 정착한 아미시는 신앙공동체를 이루고 자신들의 생활방식을 이어갔습니다. 이후 아미시는 펜실베이니아뿐 아니라 인디애

농기계 대신 말을 이용해 농사를 짓는 아미시

마차를 타고 다니는 아미시

나, 켄터키, 미시간, 오하이오, 캔자스, 미주리, 미네소타 등 18개 주에
걸쳐 살게 되었습니다.

오늘날 미국 사회는 발전을 거듭하면서 첨단문명을 누리고 있지
만, 아미시는 17세기 말 미국에 첫발을 내디뎠을 때와 비슷한 방식으
로 살고 있습니다. 이들은 전기, 수도, 자동차, 인터넷, TV, 세탁기 등
이 주는 문명의 혜택을 거부합니다. 옷, 먹거리, 비누 등 거의 모든 것
을 자급자족하면서 살아갑니다. 오늘날까지도 공동체 안에서는 17세
기 때 사용하던 옛 독일어를 사용하고 외부인을 만날 때만 영어를 쓰
지요.

오늘날 아미시가 주목받는 이유는 이들에게서 미국 사회가 안고
있는 갖가지 문제를 해결할 수 있는 실마리를 찾을 수 있기 때문입니

현대 도시문명과 거리가 먼 아미시 공동체

다. 경쟁에서의 승리와 사회적 성공을 중시하는 미국 사회에서 승자는 모든 것을 차지할 수 있지만 패자는 낙오자로 무시당하기 일쑤입니다.

한 예로 미국 대선은 승자독식 구조를 여실히 보여줍니다. 국민 한 사람 한 사람의 표가 중요한 직선제가 아닌, 각 주에서 선출된 선거인단이 대통령을 뽑는 간선제를 채택하고 있습니다. 선거인단의 표를 하나라도 더 많이 받은 후보는 그 주의 선거인단 표를 다 가져갑니다. 정치권에만 승자독식주의Winner takes all가 있는 것이 아닙니다. 거의 모든 영역에서 미국 사람들은 과도한 경쟁에 내몰립니다. 그리고 이 과정에서 생긴 불안감이 사회 전체를 집어삼키고 있습니다. 그 결과 해마다 수천 건의 총기 사고 등이 발생하고 있습니다.

이에 반해 아미시 공동체는 경쟁 대신 협력을 선택합니다. 얼핏 보기에 경쟁은 사회의 효율을 높이는 것 같지만 결국에는 구성원들을 적으로 만들어 건강한 공동체 정신을 파괴하기 때문입니다. 아미시는 공동체에 개인주의가 만연하는 것을 방지하기 위해 어릴 적부터 함께하는 교육을 받습니다. 아이들은 혼자 노는 대신 축구나 야구 같은 단체운동을 함으로써 협동심을 기릅니다.

아미시는 살아가는 데 불필요한 것을 배우는 일에 시간과 에너지를 낭비하지 않습니다. 정부가 제공하는 12년간의 공교육을 거부하고 스스로 만든 학교에서 8년 동안만 교육받습니다. 농사, 옷 만들기 등 살아가는 데 필요한 것을 배울 뿐입니다. 교과 과정에서 상급학교 진학을 위한 과목은 배우지 않습니다. 그들이 중학교 수준에서 학업을 끝내는 이유는 고등교육을 받는다고 해서 인간이 행복하게 되는 것은 아닐뿐더러 농경 생활을 하는 아미시들이 굳이 어려운 과목을 배울 필요가 없기 때문입니다.

학교 선생님은 교육대학이나 사범대학을 졸업한 교사가 아니라 20살 남짓한 아미시 미혼여성입니다. 아미시 청소년은 16세가 되면 럼스프린가Rumspringa라는 통과의례를 거칩니다. 럼스프린가란 태어나서 처음으로 공동체를 벗어나 외부에서 생활하는 것을 뜻합니다. 이 기간에 아미시 청소년은 자유로이 바깥세상을 경험하면서 계속 공동체에 남을 것인지, 아니면 떠날 것인지를 스스로 선택해야 합니다. 어

전통을 고수하는 아미시

떠한 경우라도 부모는 자식이 아미시로 살아가기를 강요해서는 안 됩니다. 아미시 청소년 90% 이상이 물질적 풍요로 가득한 현대문명 대신 정신적 풍요를 누릴 수 있는 그들의 공동체를 선택합니다.

아미시는 18살이나 19살이 되면 결혼을 하고 가정을 꾸리는데 배우자는 아미시 공동체 안에서 찾습니다. 외부인과의 결혼을 철저히 피하며 이혼할 경우 공동체를 떠나야 합니다. 부부 사이의 자녀는 신이 내린 선물로 생각하기 때문에 피임하지 않고 생기는 대로 낳습니다. 이로 인해 아미시의 출산율은 8.5명에 이르러 미국 평균의 4배가 넘습니다. 성인 남자는 수염을 기르는데, 멋지게 보이려는 목적으로 다듬어서는 안 됩니다. 또 챙이 넓은 밀짚모자를 사계절 내내 쓰고 셔츠는 내의로 간주하기 때문에 외출 시 조끼를 걸쳐야 합니다. 여성은 머리를 가리는 모자를 쓰고 앞치마를 두르며 무릎과 발목 중간까지 내려오는 긴 치마만을 입어야 합니다.

아미시는 누구보다도 성실히 세금을 내지만 납세의 대가로 정부가 제공하는 복지 서비스는 모두 거부합니다. 평화를 사랑하기 때문에 병역의 의무를 거부하며 총기의 나라 미국에서 총을 만지는 것조차 거부합니다.

나를 먼저 쏘세요

아미시는 신앙공동체이지만 마을에는 번듯한 교회 하나 없고 외부에서 정규 신학 교육을 받은 성직자도 없습니다. 아미시 성인 중 신앙심이 깊고 모범적인 생활을 하는 구성원이 마을 주민의 추천을 통해 성직자 역할을 할 뿐, 어떤 대가나 보수가 있지는 않습니다. 성직자가 되었다고 해도 예전과 다름없이 농사를 지으며 살아갑니다.

아미시는 매주 교회에 모여 예배를 드리는 것이 아니라 집집마다 돌아가며 예배를 봅니다. 또 성경의 내용을 배우는 시간도 따로 내지 않으며 교회가 없어 헌금을 낼 필요도 없습니다. 신앙공동체이면서도 종교적 형식에 얽매이지 않는 자유로운 삶을 살고 있지요. 부모는 자식에게 종교 계율을 강요하는 대신 스스로 모범을 보임으로써 좋은 부모가 되고자 합니다.

미국 전역에 있는 아미시에게 가장 중요한 덕목은 '무조건 용서'입니다. 2000년 전 예수가 십자가에서 죽임을 당할 때 인간을 용서한 것처럼 아미시는 상대방이 아무리 나쁜 일을 저지르더라도 즉각적으로 용서하는 전통을 가지고 있습니다. 이러한 아미시도 세금이나 병역 등 정부와 관련된 일을 보기 위해 가끔 공동체를 벗어나 사회에 모습을 드러내는데, 이때 멸시와 조롱을 당하는 경우가 있습니다. 일부 몰지각한 사람들이 아미시를 향해 폭언을 퍼붓고 심지어 얼굴에 침을 뱉기도 하지만 이들은 항의하거나 다투지 않고 담담히 모든 것을 감수합니다.

2006년 10월 이웃에 살던 찰스 로버츠라는 트럭운전사가 총기를 들고 아미시 마을을 침범한 사건이 발생했습니다. 그는 아이들이 공부하는 학교로 달려가 총을 쏘기 시작했는데 이때 학급에서 가장 나이가 많은 13살의 소녀 마리안 피셔_{Marian Fisher}가 범인에게 "총을 쏘려

문명을 거부하고 종교적인 삶을 선택한 아미시

면 나를 먼저 쏘세요."라고 나섰습니다. 마리안이 죽자 11살짜리 마리안의 여동생 바비가 나섰습니다. "이번에는 나를 쏘아 주세요."

아미시 학교에서는 나이 구분 없이 함께 공부하기 때문에 학급에는 다양한 연령대의 학생이 섞여 있었습니다. 자매는 자신보다 더 어린아이들의 목숨을 지키기 위해 나섰던 것입니다. 가해자는 이날 10여 명의 여자아이에게 총기를 난사해 그중 5명이 목숨을 잃었고 나머지 5명이 중상을 입었습니다.

로버츠는 여학생들만 죽였습니다. 수년 전에 태어난 자신의 딸이 곧바로 죽었는데, 출산 직후 사망한 것을 신의 저주라 여기고, 여학생을 죽이는 것이 신에게 복수하는 방법이라고 믿었기 때문입니다. 사건을 저지른 후 로버츠 자신도 현장에서 자살했습니다. 평화로운 아미시 마을에서 일어난 끔찍한 총기 난사 사건은 국민에게 큰 충격을 주었습니다.

피해를 받은 아미시 부모들은 그날 오후 로버츠 가족을 찾아가서 가해자를 용서한다고 말해 또 한 번 세상을 놀라게 했습니다. 아미시들은 '해가 지도록 노여움을 품고 있지 말라.'는 성경의 가르침에 따라 가해자를 용서했습니다. 또한 로버츠의 장례식에 조문객으로 참석하기도 했습니다. 그들은 가해자의 유가족도 피해자로 보호를 받아야 한다고 생각해 전국에서 보내온 적지 않은 성금을 가해자의 유가족에게 주었습니다. 이후에도 아미시 부모들은 가해자의 아내와 어린 세 자녀를 집으로 초청해 함께 식사하면서 위로의 시간을 가졌습니다.

로버츠가 공격한 학교는 문을 닫고 아이들을 위한 새 학교가 세워졌습니다. '새로운 희망'을 뜻하는 New Hope School로 학교명을 정했습니다. 미국 사회는 이들이 어떻게 커다란 비극을 극복하고 용서할 수 있었는지 관심을 가졌습니다. 이를 다룬 신간 서적들이 출판되고 사건 1주년이 되자 특집 기사도 쏟아졌습니다. 하지만 정작 아미시 사람들은 각계각층에서 보여 준 관심에 감사의 뜻을 표했을 뿐 따로 추모 행사 등을 열지는 않았습니다.

이와 같이 아미시는 각박한 사회에서 그들만의 아름다운 전통을 지키고 살아가는 신앙공동체입니다. 작은 일로도 소송이 난무하는 미국 사회에서 아미시는 법적 소송을 하지 않으며 그들을 대상으로 지은 모든 죄를 즉각적으로 용서하는 무한한 관용을 베풉니다. 요즘에는 며칠 동안 아미시 마을을 체험할 수 있는 민박 프로그램이 마련되어 도시 생활에 지친 사람들의 발길이 이어지고 있습니다. 아미시는 초기 기독교의 모습인 검약하고 정직한 사람들의 신앙공동체로서 물질문명이 극도로 발달한 현대 사회에서 오히려 그 진가를 드러내고 있습니다.

줄어드는 개신교도

유럽은 1,000년 동안이나 기독교가 지배했을 정도로 종교적인 열

교세가 위축되고 있는 개신교

정이 강한 지역이었지만 오늘날은 상황이 다릅니다. 그나마 가톨릭
은 명맥이라도 유지합니다. 그러나 개신교는 퇴보를 거듭해 교회를
찾아보기도 힘들 지경이 되었습니다. 신도가 줄어 문을 닫게 된 교회
가 술집이나 이슬람 사원으로 바뀌는 일은 이제 뉴스조차 되지 않을
정도입니다. 프랑스의 3만 6,000여 개 행정구역 가운에 개신교회가
하나라도 있는 지역은 고작 2,000여 군데밖에 되지 않을 정도로 개
신교는 소수 종교로 전락하고 말았지요. 기독교가 사라진 자리를 무
슬림 이민자들이 차지하면서 종교 간의 충돌이 끊임없이 발생하고
있습니다.

　개신교의 나라 미국은 유럽에 비하면 사정이 훨씬 낫지만 앞으로
가 문제입니다. 개신교도의 평균나이가 50세에 이를 정도로 교회는
급속히 늙어가고 있습니다. 개신교가 지금과 같은 세력을 계속해서

유지하려면 젊은 사람들이 신규 교인으로 등록해야 하지만 미국 젊은이들은 기성세대와 달리 종교에 관심이 없습니다. 피를 말리는 경쟁 사회인 미국에서 일요일마다 꼬박꼬박 교회에 나가는 일은 말처럼 쉬운 일이 아닙니다. 더구나 요즘에는 교회에 다니는 일보다 레저, 스포츠, 여행 등 재미있는 것이 훨씬 많아 종교 생활은 매력적으로 다가오지 않습니다.

오늘날 개신교를 비롯한 가톨릭, 정교회 등 미국 기독교계가 맞닥뜨린 현실은 냉엄합니다. 특별한 상황의 변화가 없는 이상 유럽처럼 차츰 세력을 잃어버릴 가능성이 높습니다. 기독교의 위기는 세계적

캘리포니아주에 있는 수정교회 (한때 미국을 대표하는 대형교회였으나 2010년 파산함)

늘어나는 미국의 이슬람 사원

인 현상이기도 합니다. 2010년 기독교 인구는 21억 7,000만 명으로 세계 인구의 31.4%였습니다. 이에 반해 무슬림은 16억 명으로 기독교 인구보다 한참 뒤처져 있었지만 2050년이 되면 두 종교가 거의 대등한 수준에 이르고 이후에는 무슬림이 기독교도를 앞서게 될 것이라 예상됩니다. 이는 무슬림이 종교적 교리에 따라 피임을 하지 않고 여러 명의 자녀를 낳기 때문에 벌어지는 현상입니다.

종교를 목숨과 동일시하는 무슬림은 어느 지역에 가더라도 개종을 하지 않기 때문에 그 수가 늘어날 수밖에 없습니다. 기독교인과 무슬림이 결혼할 경우 기독교인이 무슬림으로 개종하는 비율이 압도적으로 높습니다. 따라서 무슬림이 유입되면 계속해서 그 수가 늘 수밖에 없습니다.

미국은 유럽에 비해 무슬림의 인구가 적었지만 해마다 그 수가 늘어나 지금은 유대인의 수와 비슷해졌습니다. 이제는 도시마다 무슬림 사원인 모스크Mosque가 세워지고 미국 어디서든지 히잡 두른 사람을 쉽게 볼 수 있게 되었습니다. 이에 위기감을 느낀 백인 개신교도는 트럼프를 선택했습니다. 그럼에도 불구하고 한 번 형성된 종교적 다양화의 흐름은 좀처럼 방향을 바꿀 줄 모릅니다. 과거 개신교 일색이던 미국 사회는 시간이 흐름에 따라 백인의 개신교, 히스패닉의 가톨릭, 중동 이민자의 이슬람, 유대인의 유대교 등으로 종교가 다양화되고 있습니다.

★

위세 당당한
모르몬교

모르몬교의 정식 명칭은 예수 그리스도 후기성도 교회이다. 오늘날 미국의 4대 교단 중 하나로 꼽힐 정도로 규모가 크지만 다른 나라에는 거의 알려지지 않고 있다.

교단을 설립한 사람은 1805년 버몬트주에서 태어난 조셉 스미스Joseph Smith로, 어릴 적부터 개신교를 믿었고 신앙심이 남달랐다고 한다. 1823년, 18살의 스미스가 숲속에서 기도하던 중에 천사가 나타나서 신의 계시가 담긴 황금 판이 있는 곳을 알려주었다고 한다. 그는 황금 판에 적힌 내용을 기반으로 모르몬교를 설립했다.

모르몬교를 만든 조셉 스미스

구약성경과 신약성경을 따르는 것은 기존의 개신교와 같지만 그들은 스미스가 만든 모르몬 경전도 중요시한다. 스미스는 뛰어난 설교 능력을 바탕으로 순식간에 교세를 키웠다. 그를 따르는 신도가 구름떼처럼 늘어나자 기존 교단의 견제를 받기 시작했다. 모르몬 교도들은 공동체 생활을 하며 성경대로 살고자 노력했지만, 구약성경에 나오는 일부다처제를 받아들이면서 물의를 일으켰다.

오랜 옛날에는 남자들이 전쟁터에서 죽는 일이 많았고 이로 인해 가난한 여성의 생계가 사회적 근심으로 떠올랐다. 따라서 부유한 남성이 여러 명의 부인을 두는 경우가 많았다. 이 시기에는 일부다처제가 사회적 관행이었지만 모르몬교가 등장한 19세기 사회에서는 이를 금기시하고 있었다.

모르몬교와 기존 교단의 다른 점은 목사가 없고 성도들이 각자 생업에 종사하다가 교회에 모여 예배를 드린다는 것이다. 성경만 믿는 개신교도와 달리 모르몬교 신자들은 모르몬경도 따랐기 때문에 사이비 종교 취급을 받았다. 사람들의 손가락질에도 불구하고 모르몬교의 교세가 계속 커지면서 기존 교단과의 마찰이 정점에 이르렀다. 모르몬교도가 개신교도로부터 모진 핍박을 받으면서 유혈 충돌도 잦았다. 급기야 1844년에는 스미스가 살해당하는 일까지 벌어졌다.

스미스에 이어 모르몬교의 지도자가 된 브리검 영Brigham Young은 다른 교단의 압박을 견딜 수 없어서 교인들과 함께 근거지였던 뉴욕을 떠났다. 종교의 자유를 찾아 다른 곳으로 이주했지만 가는 곳마다 환영받지 못했다. 브리검 영은 신도들을 이끌고 오하이오, 미주리, 일리노이 등 이곳저곳을 옮겨 다녔지만 다른 교단의 견제로 제대로 뿌리내릴 수 없었다. 미국 땅 어느 곳에서도 환영받지 못하자 그는 7만여 명의 신도들을 이끌고 당시 멕시코 영토였던 서부로 향했다.

브리검 영은 신도들을 이끌고 그들이 꿈꾸는 지상천국을 향해 걷고 또 걸었다. 척박한 사막을 건너고 험준한 산맥을 넘고 2,000여 km를 걸어서 1847년 마침내 도착한 곳이 오늘날의 유타였다. 그들은 황무지나 다름없던 멕시코 땅 유타를 마치 성경에 나오는 약속의 땅 가나안처럼 여겨 정착촌을 건설하기 시작했다. 가장 먼저 교회와 학교를 짓고 공동체를 건설했

모르몬교 성전 내부

모르몬교 성전 외부

다. 이것은 오래전 미국으로 건너온 청교도가 했던 것과 같은 일이었다.

　모르몬교도들이 유입되면서 유타는 멕시코의 영향에서 벗어났고 급속히 미국화가 진행되었다. 브리검 영은 미국 정부에 자신들이 개척한 유타 주를 미국의 한 주로 인정해 달라고 요청했지만, 정부는 일부다처제를 불법으로 규정해 모르몬 교단의 재산을 압류하는 등 압박을 더욱 강화했다.

　1890년 모르몬 교단은 외부의 압박을 견디지 못해 결국 일부다처제를

모르몬교도에 의해 개척된 유타주

폐지했다. 이에 정부도 모르몬교 교단의 결단을 존중해 1896년 유타주를
미국의 45번째 주로 받아들였다. 미국은 모르몬교 덕분에 멕시코 영토였
던 유타주를 차지하고 이곳을 서부 개척을 위한 요충지로 활용했다.

　오늘날에도 유타주는 모르몬교도의 땅이다. 주민 3분의 2 이상이 모르
몬교를 믿으며 종교적 신념에 따라 살아간다. 보수적인 모르몬교는 낙태
는 물론 술, 담배, 카페인이 들어간 커피까지 금지한다. 신도들은 수입의
일정액을 사회복지재단에 기부해야 하고 성인이 되면 자비로 수년간 해
외로 선교 활동을 나가야 한다. 유타주는 신앙심을 가진 사람들이 모여
살다 보니 범죄율이 세계에서 가장 낮은 수준을 유지한다. 거리에는 깔끔
하게 정장을 입고 다니는 사람들이 많고 거친 말과 행동을 하는 사람들
이 드물다. 20세기 이후 개신교단 측은 사회문제를 일으키지 않고 교인
도 많은 모르몬교를 계속 사이비로 몰아붙일 수 없어 정식 교단으로 받
아들였다.

8장

누구나 가질 수 있는 골칫덩어리,

권총

헌법이 보장하는 총기 소유권

미국은 사람 수와 총기의 수가 비슷하답니다. 가히 '총기의 나라'라 부를만 하죠. 민간인의 총기 소유를 합법화하는 많은 나라 중에서도 미국인들은 유달리 총기에 집착하는 경향이 있습니다. 총기를 소유한 사람이 워낙 많다 보니 이에 비례해 총기 사고도 많습니다. 해마다 수만 명이 총기 사고로 목숨을 잃고 있지만 미국 사람들에게 총의 의미는 총기 규제가 불가능할 정도로 남다릅니다.

1620년 영국에서 메이플라워호를 타고 미국에 첫발을 내디딘 102명의 청교도에게 새로운 땅은 두려움의 대상이었습니다. 신대륙 미국에는 청교도를 지켜 줄 군대나 경찰이 없었기 때문에 스스로 생명과 재산을 지켜야 하는 절박한 상황이었지요. 그들이 야생동물과 인디언에 맞설 수 있는 유일한 방법은 총기 사용밖에 없었습니다.

시간이 흘러 인구가 늘어도 상황은 좀처럼 나아지지 않았습니다. 수천 년 동안 북미 대륙에 뿌리내리고 살아온 인디언의 수가 적어도 수백만 명을 넘었기 때문에 상대적으로 소수였던 백인은 항상 공포

청교도가 타고 온 메이플라워호

속에 살아야 했습니다. 그들은 미국 땅에 발을 내디딘 지 백 년이 넘어서야 인디언을 몰아내고 자리를 잡았지만 이번에는 영국의 압제가 기다리고 있었습니다.

개척 초기에 별다른 관심이 없던 영국은 미국이 성장을 지속하자 종주권을 주장하며 정착민들과 마찰을 일으키기 시작했습니다. 당시 세계 최강의 군대를 보유하고 있던 영국은 미국 정착민을 촌뜨기에 지나지 않는다고 얕보았지만 그들은 결코 순박한 농부가 아니었습니다. 정착민들은 인디언과의 충돌에 대비해 가정마다 총기를 보유하고 있었고, 실전에 대비해 평소 사격 연습을 게을리하지 않았습니다. 18세부터 45세의 건강한 정착민 백인 남성들은 민병대에 가입해 영국과 맞서 싸웠습니다. 민병대원은 독립전쟁에 나서는 것을 큰 영광으로 생각했습니다.

농민군이 주축이 된 민병대는 거주 지역의 지리적 특성까지 훤하게 꿰차고 있었습니다. 그래서 영국군은 조지 워싱턴 장군 휘하 40만여 명의 민병대를 도저히 감당할 수 없었습니다. 게다가 집집마다 보유한 총기의 힘이 위력을 발했습니다. 1783년 미국은 마침내 막강한 해군력과 군사 장비를 갖춘 영국군을 몰아내고 독립혁명을 완수할 수 있었습니다. 신생 독립 국가로서 첫발을 내디딘 후 헌법에

백인에게 공포의 대상이었던 아메리카 인디언

도 총기 소유의 자유를 명시하게 되면서 총기 소유야말로 국민의 가장 중요한 기본권으로 미국인에 각인되기에 이르렀습니다.

미국 수정헌법 제2조에 '잘 규율된 민병대는 자유주ᄴ의 안보에 필요하므로 무기를 소장하고 휴대하는 국민의 권리를 침해할 수 없다.'라고 규정했습니다. 헌법을 개정하기 이전까지는 하위법인 법률로 총기 소유를 금지할 수 없도록 못 박아 둔 것입니다. 수정헌법 제2조는 다른 나라에서 찾아볼 수 없는 매우 독특한 조항입니다. 지구상에 총기 소유권을 최상위법인 헌법에 규정한 나라는 미국이 유일합니다.

미국 건국의 아버지들이 헌법에 개인의 총기 소유권을 적시한 데는 나름대로 깊은 뜻이 숨어 있습니다. 영국의 압제에 오랜 기간 시

달렸던 미국인들은 국왕이나 강력한 정부가 개인의 권리를 제한한다고 판단했습니다. 즉, 지배세력이 강할수록 개인의 권리는 줄어들어 민주주의가 위협받게 된다고 생각했습니다. 미국인들은 국민 모두가 무장한다면 독재자나 권위주의적인 정부가 국민을 탄압하지 못할 것이라는 사회적 합의를 이끌어냈습니다. 이는 역사적으로 증명된 사실이기도 합니다.

대부분의 독재 국가에서는 군인이나 경찰만 총기를 소유하기 때문에 국민은 압제에 시달리더라도 저항할 방법이 없습니다. 하지만 만약 국민 모두 총기를 소유하고 있다면 극악무도한 독재 세력도 국민을 함부로 대할 수 없게 됩니다. 독재를 지속하기도 힘들어집니다.

미국의 역사가 리처드 홉스테터는 '총기 문화gun culture'라는 표현으로 자국의 사회 현상을 정의했습니다. 미국은 가톨릭 세력에 대항하다 대서양을 건넌 개신교도의 나라이자 영국의 압제에 저항한 민병대의 나라, 무법천지 시대에 개인이 자신의 안전을 지켰던 서부 개척자의 나라이기에 대를 이어 총기의 중요성이 전해졌다는 설명입니다.

이렇듯 미국인의 손에서 총기를 빼앗는 일은 기본권을 빼앗는 것과 다름없어 그동안 수없이 추진되어 온 총기 규제 법안은 한 번도 가시적인 성과를 거두지 못했습니다.

서부를 개척한 총과 기묘한 저택

서부 개척 초기에 정착민은 총기를 앞세워 조금씩 영토를 넓혀 나갔지만 인디언의 저항 또한 만만치 않았습니다. 총을 앞세워 화력 면에서는 인디언을 압도했으나 기동성 면에서는 뒤졌습니다. 말을 타고 번개처럼 습격해 오는 인디언 부대를 감당하기가 쉽지 않았지요.

　정착민들이 서부 개척을 시작하면서 스스로 보호하기 위해 사용한 총은 화승총이었습니다. 화승총이란 총알을 장전한 후 심지에 불을 붙여 격발하는 방식의 총을 말합니다. 따라서 화승총은 격발한 후 재발사하기까지 짧지 않은 시간이 필요했는데, 인디언은 재장전 시간 동안 백인을 공격했습니다. 다시 말해 총을 쏜 후 신속히 재장전하지 못한다면 인디언이 던진 도끼에 맞아 죽어야 하는 상황이었습니다. 또 인디언은 화승총 심지에 불을 붙일 수 없는 폭우가 내리는 날을 잡아 공격해서 백인을 더욱 곤경에 빠뜨렸습니다. 게다가 인디언도 차츰 백인에게 약탈한 총으로 무장하기 시작했으므로 정착민의 삶은

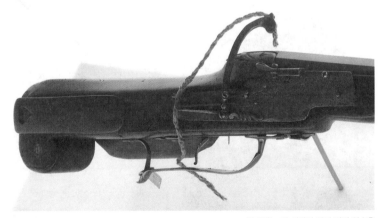

발사하는 데 시간이 많이 걸린 화승총

심지 없이 연발이 가능한 윈체스터 소총

더욱 위태로워졌습니다. 이때 등장한 것이 연발식 소총이었습니다.

　1836년 총기 제조회사 콜트Colt는 오랜 연구 끝에 연발이 가능한 총을 개발했습니다. 회전식 탄창을 장착한 콜트의 리볼버revolver 소총은 달리는 말 위에서도 안전하게 사용할 수 있을 정도로 성능이 우수했습니다. 콜트의 뒤를 이어 1857년 등장한 제조회사 윈체스터Winchester의 소총은 더욱 뛰어난 성능으로 서부 개척민의 필수품이 되었습니다. 최강의 윈체스터 소총으로 무장한 백인에게 인디언은 두려운 존재가 아니었습니다.

윈체스터 소총의 창업주 올리버 윈체스터

　1860년대 백인은 윈체스터 총을 앞세워 인디언을 대량 학살하는 데 성공해 서부 지역까지 영역을 확장했습니다. 윈체스터 총은 '서부를 개척한 총'이라는 격찬을 받았을 정도로 서부 개척에 절대적인 역할을 했습니다. 하지만 정작 소총을 개발한 윈체스터 가문은 평온한 삶을 살지 못했습니다. 1880년 창업주 올리버 윈체스터가 세상을 떠난 후, 그의 아들 윌리엄 윈체스터가 43세의 나이로 회사를 물려받았습니다.

사라 윈체스터

이듬해 윌리엄 윈체스터가 갑자기 원인 모를 병으로 비명에 가자, 올리버의 아내 사라Sarah 윈체스터는 큰 충격을 받았습니다. 이후 밤마다 사라의 꿈에 유령이 나타나 그녀를 괴롭혔습니다. 잠을 이룰 수 없었던 사라는 유명한 심령술사를 찾아가 놀라운 이야기를 듣게 되었지요. 사라의 악몽 속 유령은 윈체스터 소총에 의해 억울하게 죽은 인디언의 원혼이며, 남편을 데려간 것도 그 원혼들이라고 했습니다. 또 남편을 데려간 원혼들이 사라마저 데려가기 위해 집 주변을 맴돌고 있어 만약 살기를 원한다면 그들의 저주를 피할 수 있는 괴상한 집을 지어야 한다고 말했습니다.

사라는 악령의 저주를 피하려고 뉴욕에서 캘리포니아 산호세San Jose로 이주하여 대저택을 구입한 뒤 개조하기 시작했습니다. 수십 명의 뛰어난 목수가 순번을 정해 돌아가며 쉴 없이 기존 저택을 고쳐 나갔습니다. 1884년부터 시작된 공사는 사라가 죽은 1922년까지 하루도 쉬지 않고 계속되었습니다. 그 결과 벽난로 47개, 방 160개, 문

2,000개, 창문 10,000개 등 마치 미로와 같은 거대한 저택이 지어졌습니다.

저택의 중앙에는 사라만 드나들 수 있는 비밀의 방이 만들어졌습니다. 방 전체가 푸른색으로 칠해져 푸른 방이라고 불렸는데, 그녀는 매일 밤 푸른 방에 머물며 억울하게 죽은 원혼들을 위로했습니다. 사라는 원혼들이 자신을 해치지 못하도록 밤마다 방을 바꿔 가면서 잠을 청했습니다. 그녀가 지은 윈체스터 저택은 오늘날 캘리포니아에서 가장 기이한 저택으로 널리 알려져 해마다 수많은 관광객이 방문하는 명소가 되었습니다.

제국주의 국가의 손에 들어간 공포의 기관총

1862년 남북전쟁이 한창이던 무렵 남부 지역의 의사였던 리처드 개틀링Richard J. Gatling의 머릿속에 한 가지 아이디어가 떠올랐습니다. 하나의 기계장치에 여러 개의 총신銃身을 결합하면 일시에 많은 탄환을 발사할 수 있을 것이라는 발상이었지요. 인류 최초의 기관총을 탄생시킨 혁신적 생각이었지만 당시 별다른 호응을 얻지는 못했습니다. 6개의 총신을 겹쳐 만든 초기의 개틀링 기관총은 분당 200발 이상 발사할 수 있었지만 이를 위해선 일일이 손으로 돌려야 했습니다.

개틀링 기관총은 여러 사람의 손을 거치면서 진화를 거듭해 1884년 미국인 하이람 맥심Hiram S. Maxim에 의해 완성되었습니다. 이전까지 기관총은 사수가 손잡이를 힘껏 돌려가며 수동으로 재장전을 하는

리처드 개틀링

리처드 개틀링이 세계 최초로 개발한 기관총

형태여서 발사속도가 느렸습니다. 맥심은 사격할 때 발생하는 반동을 이용하면 탄환을 자동으로 재장전할 수 있을 것으로 생각하여 개발에 착수했습니다. 맥심기관총은 세계 최초의 완전자동식 기관총이었기 때문에 개틀링 기관총보다 3배나 빨라 분당 650발 이상 발사할 수 있었습니다. 이는 숙련된 50명 이상의 사수가 발사하는 소총 화력과 맞먹는 엄청난 파괴력이었습니다.

맥심은 이후 영국으로 귀화했습니다. 자신이 개발한 엄청난 화력의 기관총이 19세기 해외 침략에 열을 올리던 유럽 국가에 필요할 것으로 생각해서였습니다. 그는 자신이 만든 기관총을 들고 유럽 각국을 방문해 판매했는데 처음에는 반응이 신통치 않았습니다. 가장 큰 이유는 맥심기관총이 인간에게 사용하기에 너무나 잔인하다는 것이었습니다. 하지만 유럽 국가들이 정복한 식민지에서 맹렬한 저항의 물결이 일자, 각국은 맥심기관총에 관심을 가졌습니다. 가장 먼저 맥심기관총을 활용한 나라는 세계에서 가장 많은 식민지를 가지고 있던 영국이었습니다.

하이람 맥심과 그가 만든 완전자동식 맥심기관총

1893년 영국의 식민지였던 아프리카 짐바브웨의 마타벨레 Matabele에서 대규모 독립운동이 일어나자, 영국군은 해방군을 제압하기 위해 맥심기관총을 동원했습니다. 마타벨레 해방을 위해 목

맥심기관총을 사용하는 영국군

숨 걸고 봉기한 5천여 명의 현지인을 영국군 50여 명이 4정의 맥심 기관총으로 몰살했습니다.

당시 영국군은 해방군이 사정거리에 들어왔을 때만 방아쇠를 당겼습니다. 그들이 너무 먼 거리에 있을 때 총을 쏘면 아까운 총알이 낭비되고 너무 가까워질 때면 영국군이 위험해지기 때문입니다. 상황은 이내 종료되었습니다. 마타벨레 전투는 두 세력 간의 승패를 두고 벌인 전투라기보다 영국군의 일방적인 대량학살에 가까웠습니다. 마타벨레 벌판은 영국군의 기관총으로 희생된 이들의 시체로 가득하고 피가 흥건하여 멀리서도 피 냄새를 맡을 수 있을 정도였습니다.

마타벨레 전투에서 기관총의 위력을 알게 된 영국은 1898년 9월

영국군이 처음으로 맥심기관총을 사용한 마타벨레 전투

식민지 수단에서 또다시 기관총을 동원해 대량학살에 나섰습니다. 당시 영국군 8천 명은 수단의 옴두르만Omdurman에서 독립을 요구하는

수단 옴두르만 전투에 참전했던 윈스턴 처칠

5만 2천 명의 이슬람 전사를 상대로 전투를 치렀습니다. 이 전투에는 훗날 영국 수상이 된 윈스턴 처칠도 참전했는데, 그는 당시를 회상하며 영국군이 축제를 기다리는 아이처럼 들떠 있었다고 전했습니다. 맥심기관총의 놀랄만한 살상력을 알고 있었던 영국군에게 수단군은 전혀 두려운 대상

전투에 사용된
맥심기관총

이 아니었기 때문입니다.

전투에 앞서 영국군은 맥심기관총을 완벽한 상태로 정비해 두었고, 실전이 시작되자 총구에서 일제히 불이 뿜어졌습니다. 말을 타고 달려오던 수단군은 추풍낙엽처럼 힘없이 나가떨어졌습니다. 시체가 계속 쌓여 갔지만 무장한 수단군의 돌격은 멈추지 않았습니다. 수단군은 알라신이 총알을 빗나가게 해줄 것이라는 확신을 가지고 무작정 돌진하다 무려 1만 명 넘는 전사자를 냈습니다. 치명적인 중상을 입은 사람만 하더라도 1만 3천 명에 달한 대패였습니다. 이에 반해 영국군은 47명이 사망하고 382명이 부상하는 피해를 보는 데 그쳤습니다.

아프리카 식민지에서 두 차례나 영국이 대승을 거두자 이를 지켜본 유럽 국가들은 앞다투어 맥심기관총을 구했습니다. 이후 기관총은 대량학살을 상징하는 무기가 되었습니다. 대량학살을 가능하게 만든 하이람 맥심은 '죽음의 발명가'라는 오명을 쓰고 살아야 했지요. 미국과 영국은 맥심의 국적을 두고 서로 다른 의견을 내놓고 있습니다. 영국은 그가 미국에서 태어났기 때문에 미국인이라고 강조하고, 미국은 그가 41세 때 영국으로 귀화해 영국인으로 살다 죽었으니 영국인이라고 주장합니다. 하이람 맥심은 그가 활동한 두 나라 모두에서 그다지 환영받지 못하고 돈만 추구하는 '죽음의 발명가'로 기억되고 있습니다.

총이 문제일까 총을 쏜 사람이 문제일까

미국총기협회NRA의 시작은 1871년으로 거슬러 올라갑니다. 남북전쟁이 북군의 승리로 끝났지만 당시 북군은 사격술이 형편없어 수많은 사상자가 나왔습니다. 이에 문제의식을 느낀 북군 장교를 중심으로 사격술 향상을 위한 총기협회가 설립되었습니다. 처음에는 총쏘는 법을 가르치던 단체였지만, 이후 성격이 바뀌어 누구나 협회에 가입할 수 있게 되어 지금은 총을 가진 사람을 대변하는 단체가 되었습니다.

총기협회는 미국에서 가장 오래되고 영향력이 막강한 시민단체입니다. 정식회원만 5백만 명이 넘고 매년 수억 달러의 예산을 집행하

미국총기협회 엠블럼

고 있습니다. 상·하원의원 중 절반 이상이 총기협회로부터 정치자금을 받고 있습니다. 공화당의 경우 의원 대부분이 총기협회의 돈을 받고 있습니다. 미국 대통령 중에는 제26대 시어도어 루스벨트, 제34대 아이젠하워, 제35대 존 F.케네디, 제37대 리처드 닉슨, 제40대 로널드 레이건, 제41대 조지 허버트 워커 부시, 제45대 도널드 트럼프 등이 총기협회 회원입니다.

총기협회는 미국 국민의 폭넓은 지지를 받는 단체로 정치인이 가장 두려워하는 집단이기도 합니다. 이 협회의 영향력이 너무 막강하다 보니 총기 규제가 어려워져 적지 많은 문제가 발생하고 있습니다.

1999년 콜로라도주 덴버 교외의 콜럼바인Columbine 고교에서 학생 두 명이 총기를 난사해, 교사 1명과 학생 12명이 숨지고 24명이 다치는 사상 최악의 교내 총기 사고가 발생했습니다. 콜럼바인 총기 난사 사건을 계기로 평소 총기 소유에 부정적이었던 사람들이 총기 규제

총기규제를 반대하는 찰턴 헤스턴

를 강력히 요구하자 총기협회가 나섰습니다.

당시 총기협회장은 〈벤허〉, 〈십계〉 등의 명화에 출연하여 국민 배우의 반열에 오른 찰턴 헤스턴Charlton Heston이었습니다. 그는 총기협회 정기총회에 나가 분노에 찬 목소리로 "내 손에서 총을 빼앗으려면 나를 먼저 죽여라."라고 외치며 남북전쟁 당시 사용된 재래식 소총을 머리 위로 힘껏 들어 올렸습니다.

총기 소유를 찬성하는 사람들은 "총을 쏜 사람이 문제이지, 총기 자체는 아무런 문제가 없다. 총을 가진 나쁜 사람을 막을 수 있는 유일한 방법은 총을 가진 좋은 사람뿐이다. 모든 사람이 총을 가지면 나쁜 생각을 한 사람도 보복이 두려워 함부로 총을 쏠 수 없다." 등의

콜럼바인 총기난사사건 희생자들

CCTV에 찍힌 콜럼바인
총기난사사건 범인들

논리를 내세우며 자신들의 주장이 정당함을 강조하고 있습니다.

결국 총기협회의 주장이 받아들여져 총기 소유에 관한 어떠한 규제도 의회를 통과할 수 없었습니다. 오히려 대형 총기 사고가 발생할 때마다 총기 판매량이 대폭 증가해 총기 판매업체가 호황을 누리는 것이 오늘날 미국 사회입니다. 미국에는 수십 개의 총기 회사가 한

거대한 이권으로 성장한
미국의 총기산업

해 1천만 정 이상의 총기를 생산하며 약 14만 명이 총기 판매업으로 생계를 꾸려나갑니다.

각국의 총기 규제

총기에 대한 정책은 국가마다 다릅니다. 한국과 일본을 비롯한 아시아 국가 대부분은 민간인의 총기 소유를 법으로 금지하고 있습니다. 반면 영국, 독일, 프랑스, 오스트리아 같은 유럽 국가와 캐나다, 멕시코, 브라질 등 아메리카 대륙 국가 및 호주, 뉴질랜드 등의 오세아니아 국가는 등록만 하면 누구나 총기를 소지할 수 있습니다.

최근 들어 총기 소지를 허용하는 국가 중 적지 않은 나라가 규제를 강화하고 있습니다. 호주에서는 1996년 4월, 남부 휴양지 태즈메이니아섬에서 일어난 총기 난사 사건이 총기 규제의 계기가 되었습니다. 호주 역사상 최악의 사건으로 기록된 이 총기 난사 사건은 조현병을 앓고 있던 20대 후반의 청년 마틴 브라이언트Martin Bryant가 관광객을 상대로 총기를 난사해 35명의 목숨을 앗아간 살인극이었습니다.

승용차를 몰고 범행현장에 도착한 그는 한 카페에서 식사를 한 직후 같은 곳에서 식사 중이던 사람들에게 반자동 소총을 난사하고, 밖으로 나와 또 다시 주차장과 거리의 행인들에게 조준 사격을 가했습니다. 탈주 과정에서도 차를 강탈하고 인질극을 벌이며 시민들과 경찰에게 무차별 사격을 가했습니다.

당시 호주 총리였던 존 하워드John Howard는 총기 규제 정책을 추진했습니다. 그는 사건 발생 12일 만에 "우리는 미국의 전철을 밟지 않겠다."라고 외치며 본격적인 총기 규제에 나섰습니다. 우선 순식간에 대량살상을 할 수 있는 자동소총의 소지를 완전히 금지했습니다. 이미 팔려나간 자동소총을 정부에 반납하는 사람들에게는 적절한 금전보상을 해주었습니다.

호주는 총기 수거 정책을 통해 1년 만에 65만 정의 소총을 회수해 모두 소각했습니다. 또 개인이 총기를 구매할 경우 반드시 국가의 허가를 받도록 했습니다. 호주의 강력한 총기 소유 규제 정책은

THE PRIME MINISTER OF AUSTRALIA

총기규제에 나선 호주의 존 하워드 총리

성공한 정책으로 평가받고 있습니다. 이후 총기를 이용한 살인과 자살 사건이 절반으로 줄어드는 효과를 거두었기 때문입니다.

호주와 비슷한 경험을 치른 다른 나라도 대부분 총기 규제에 나섰습니다. 독일은 2002년 16명의 희생자가 발생한 총기 참사 사건을 겪고 나서 25살 이하의 모든 총기 구매자에 대해 정신감정을 의무화했습니다. 뉴질랜드는 13명의 총기 희생자가 발생하자 기존의 평생 총기 허가증을 10년으로 바꾸어 허가증을 갱신할 때마다 엄격한 재심사를 받도록 의무화했습니다.

이들 나라에서 비교적 자유로이 총기에 대한 규제정책을 펼 수 있는 것은 미국과는 달리 어느 정도 중앙정부에서 통제할 수 있기 때문입니다. 미국의 경우 어떤 주에서는 합법인 것이 다른 주에서는 불법입니다. 예를 들어 대도시가 있는 주에서는 총기를 소유한 채 활보하지 못하도록 하지만, 알래스카 등 야생동물 출현이 잦고 사람 살기에 척박한 땅에서는 규제조항을 두기 어렵습니다.

스토커의 총기 난사 사건과 브래디법

미국 제16대 에이브러햄 링컨 대통령을 시작으로 제20대 제임스 가필드, 제25대 윌리엄 매킨리, 제35대 존 F.케네디에 이르기까지 4명의 대통령이 총기에 의해 암살되었습니다. 이외에도 흑인 인권 운동가 마틴 루터 킹, 말콤 X, 비틀스의 멤버 존 레논까지 역사상 수많은 유명인사가 흉탄에 의해 쓰러졌습니다.

매년 수만 명 이상이 총기 사고로 목숨을 잃고 그보다 훨씬 많은 사람이 부상을 입고 있음에도 20세기 이전까지 미국에서는 총기 규제가 제대로 이루어지지 않았습니다. 본격적인 규제는 1930년대에 들어서야 가능했는데, 이는 상상을 초월하는 금주법의 부작용 때문이었습니다.

1920년 금주법의 시행으로 밀주 사업이 황금알을 낳는 거위가 되자, 갱단은 이권을 차지하기 위해 피비린내 나는 전쟁도 마다하지 않았습니다. 기관총으로 무장한 갱단이 도시 한복판에서 수시로 총격전을 벌여 목숨을 잃는 사람들이 속출했습니다.

1934년 프랭클린 루스벨트 대통령은 갱단이 저지르는 끔찍한 총기 폭력에 대응하고자 공격용 총기의 등록을 의무화했습니다. 4년 후인 1938년에는 주州 사이에 총기와 탄약 거래를 제한하는 조치를 했습니다. 이에 따라 정부는 총기 거래를 추적할 수 있게 되었습니다. 하지만 이 정도 규제 조치만으로 총기 폭력을 막을 수는 없었지요.

1981년 3월 취임한 지 두 달밖에 되지 않았던 로널드 레이건 대통령은 저격범 존 힝클리John Hinckley가 쏜 총에 맞고 쓰러졌습니다. 워싱턴 D.C.의 한 호텔에서 개최된 행

레이건 대통령을 암살하려 한 존 힝클리

총격을 당하기 직전의 레이건

총격을 받고
경호원에 둘러싸인
레이건

사에 참여한 후 백악관으로 돌아가다 당한 사건이었습니다. 평소 정신질환을 앓고 있었던 25세의 존 힝클리는 엉뚱하게도 자신이 짝사랑하던 유명 여배우 조디 포스터Jodie Foster에게 잘 보이기 위해 대통령을 죽이려고 했습니다. 오래전부터 조디 포스터의 열렬한 팬이었던 그는 밤마다 그녀에게 편지를 쓰고 수시로 집 앞을 서성이는 등 자신의 애정을 드러내기 위해 온갖 방법을 동원했지만 아무런 성과를 이루지 못했습니다.

존 힝클리는 조디 포스터가 출연했던 영화 〈택시 드라이버Taxi Driver〉
에서 남자 주인공이 대통령 후보를 암살하려 하는 장면을 흉내 내기
로 마음먹었습니다. 자신도 영화속 주인공처럼 행동하면 그녀의 관
심을 끌 수 있을 것으로 생각해 레이건 대통령 일행을 향해 무차별
난사를 가했습니다.

레이건 대통령을 비롯해 경찰관, 경호원, 백악관 대변인이 총을 맞
고 쓰러졌습니다. 이들 모두 병원으로 옮겨져 수술을 받고 목숨을 건
졌지만 백악관 대변인이었던 제임스 브래디James Brady는 총알이 머리를
관통해 하반신 마비와 언어장애라는 후유증을 안게 되었습니다. 제대
로 말을 할 수 없게 된 대변인은 백악관을 떠날 수밖에 없었습니다.

저격 사건으로 장애인이 된 브래디는 부인과 함께 미국 전역을 돌
아다니면서 총기 없는 나라를 만들
기 위해 평생을 바쳤습니다. 스스
로 걸을 수 없었던 그는 아내가 밀
어주는 휠체어에 앉아 총기 규제의
필요성을 역설했지만 로널드 레이
건, 조지 H.W 부시로 이어지는 공
화당 출신 대통령이 집권하던 시절
별다른 성과를 이룰 수 없었습니
다. 총기협회와 공화당 정치인들이

전 백악관 대변인 제임스 브래디

백악관을 방문해 총기 규제를 주장하는 제임스 브래디

오랜 기간 끈끈한 유착 관계를 맺고 있었기 때문입니다.

　그런데 1993년 집권한 민주당 출신 빌 클린턴 대통령은 이전의 대
통령과 달리 총기 규제에 적극적이었습니다. 그는 신원조회를 통과
한 사람만 총기를 구매할 수 있도록 하는 이른바 '브래디법'을 통과
시켰습니다. 브래디법에 따라 정신질환자, 불법 이민자, 1년 이상의
징역형을 받은 적이 있는 전과자, 가정 폭력 문제로 유죄판결을 받은
자, 현상수배자, 마약중독자 등 총기를 이용한 범죄를 저지를 가능성
이 농후한 사람들은 총을 구할 수 없게 되었습니다.

　브래디법은 상식에 가까운 합당한 총기 규제 법안이었지만 공화당
의 방해로 수많은 고비 끝에 가까스로 의회를 통과했습니다. 브래디
법 통과 이후 200만 명이 넘는 사람이 신원조회로 총기를 구할 수 없

게 되었지만 모든 문제가 해결된 것은 아니었습니다.

미국 내에서 거래되는 총기류 중 40% 이상은 개인과 개인 간의 직거래입니다. 다시 말해 몇십 달러만 있으면 인터넷을 통해 얼마든지 총기를 구할 수 있어서 굳이 총을 사기 위해 정부에 등록된 총기 가게에 갈 필요가 없습니다. 신원확인 없이도 총기를 구할 수 있는 길이 널려 있는 미국에서 브래디법은 처음부터 강력한 효력을 발휘할 수 없었습니다.

미국 경찰들의 미숙한 대응

범죄와의 전쟁 최전선에 있는 경찰은 미국에서 가장 위험한 직업 중 하나입니다. 총기로 무장한 범죄자 앞에서 경찰 역시 무거운 방탄복을 입고 총기로 무장해야 합니다. 총기를 이용한 강력 범죄가 만연한 만큼 공권력을 집행하는 경찰도 총기의 희생자가 되기 쉽습니다. 매년 최소 100명 이상의 경찰관이 총에 맞고 목숨을 잃기 때문에 미국 경찰은 총기가 없는 나라의 경찰에 비해 예민할 수밖에 없습니다.

죽음에 대한 두려움은 과잉 대응으로 나타나는데 해마다 경찰의 총에 목숨을 잃는 사람만 수백 명에 이릅니다. 경찰이 범죄인을 제압하고 자신을 방어하는 차원에서 총기를 사용한다면 많은 사람이 죽더라도 이의를 제기할 수 없을 것입니다. 문제는 애꿎은 사람들이 경찰의 과잉 대응으로 죽어 나가는 것입니다. 모든 인간은 자신의 목숨

미국의 경찰들

을 가장 소중하게 여기기 때문에 미국 경찰 역시 본인이 위험에 처했다고 판단될 경우 바로 총기를 발사합니다. 상대방이 장난감 총을 가졌든지 아니든지 안전이 충분히 확보되지 않으면 언제든지 총을 쏩니다.

실제로 무기를 갖지 않은 사람들 중 상당수가 경찰이 요구하는 대로 행동하지 않다가 총격을 받고 사망했습니다. 최근 들어 경찰의 미숙한 대응으로 인해 많은 사람들이 희생된다는 지적이 끊임없이 제기되고 있습니다.

미국의 신입 경찰 훈련 기간은 19주 정도이지만 독일은 130주에 이릅니다. 독일 경찰학교는 신입자를 대상으로 현장에서 일어날 수 있는 모든 위급상황에 대처할 수 있도록 충분한 훈련을 합니다. 그러나 미국 경찰은 19주간의 교육 기간 중 8시간 정도만 위급상황 대처 훈련을 하기에 막상 현장에 나가면 우왕좌왕하기 일쑤입니다. 경찰은 절대로 실수로 사람을 죽이면 안 되는 직업인만큼 철저한 훈련을 통해 위급상황에 처하면 이성적으로 대처해야 합니다. 하지만 훈련 부족 상태로 현장에 출동해야 하는 문제를 안고 있는 미국 경찰에게 그러한 기대를 하기는 어렵습니다.

정부는 경찰관 제복에 동영상 녹화장치를 붙이는 고육책을 마련하기도 했습니다. 경찰의 행동이 모두 녹화되기 때문에 경찰관은 이전보다 신중하게 총을 발사해야만 했습니다. 함부로 시민들에게 총을 발사하는 일도 줄어들었습니다. 동영상 녹화장치 도입 이후 경찰의 오발로 인해 죽는 희생자의 수가 큰 폭으로 줄었지만, 이것이 문제에 대한 근본적인 해결책이 될 수는 없습니다. 현장에서 일하는 경찰관의 반발이 클 뿐만 아니라, 동영상 녹화장치를 일부러 끄고 활동하는 경우도 허다하기 때문입니다.

총기가 사라지지 않는 이유

총기 소지를 국민의 기본권으로 여기는 미국에서도 바뀌어야 할 부분은 분명히 있습니다. 가장 큰 문제는 총기를 구하기가 너무나 쉽다는 점입니다. 21세 미만의 미성년자에게 술을 파는 행위는 엄격히 금지되지만, 장총은 18세 이상이면 구입할 수 있고 이보다 위험한 권

매장에서 팔리는 다양한 총기류

총도 21세가 되면 실탄까지도 구입이 가능합니다. 더구나 대형 할인 마트, 인터넷 쇼핑몰 등 웬만한 곳에서는 총기를 팔고 심지어 은행 계좌 개설 사은품이나 마트 경품으로 총을 나눠주기도 합니다. 이처럼 미국에서는 돈만 있으면 너무 쉽게 총기류를 구할 수 있습니다.

미국에서는 한 해 1만 명 이상이 여러 가지 원인으로 다른 사람이 쏜 총에 맞아 죽습니다. 그리고 2만 명 이상은 자신의 총기를 이용해 자살합니다. 15세에서 34세의 흑인 남성 사망 원인 1위가 총기 사고 일 정도로 총은 미국인의 생명에 직접적인 위협이 되고 있습니다. 또 이로 인해 발생하는 사회적 비용도 엄청납니다. 여기에는 총기 사고 로 다친 사람이 부담해야 하는 의료비가 큰 비중을 차지합니다. 사람 이 모이는 곳마다 금속 탐지기를 설치하는 비용도 추가됩니다.

이외에도 총기 소유를 금지해야 하는 이유는 많지만 미국 사회에서 총기 소유를 금지하기란 불가능에 가깝습니다. 수정헌법에 보장된 총기 소유권을 하위법인 법률의 제정으로 금지할 수 없는 구조입니다. 따라서 총기 소유를 금지하려면 헌법을 개정해야 하는데, 이를 위해서는 일차적으로 연방 상원과 하원에서 3분의 2 이상이 찬성해야만 합니다.

또 개헌안이 연방의회를 통과하더라도 미국 내 50개 주 가운데 38개 주가 찬성을 해야 합니다. 여기에는 각 주 상원과 하원의원 3분의 2 이상의 찬성이 필요합니다. 이처럼 총기 소유를 금지하기 위해서는 매우 복잡한 절차와 까다로운 요건이 필요하기 때문에 총기 사고가 날 때마다 등장하는 국민의 강력한 총기 소유 금지 요구는 논쟁 수준을 벗어나지 못하고 있습니다.

★

총기사고의 원인들
- 슈팅게임, 정신병원, 그리고 SNS

해마다 수만 명이 총기 사고로 죽자 미국인들은 그 원인을 밝히기 위해 노력하고 있다. 심리학자 상당수는 요즘 청소년에게 큰 인기를 끌고 있는 슈팅게임의 해악을 우선으로 손꼽고 있다.

슈팅게임은 가상의 공간에서 끝없이 상대방을 죽이는 게임이다. 최첨단 컴퓨터 그래픽 기술 환경으로 인해 게임에 참여하는 사람들은 실제로 적을 죽이는 것 같은 경험을 할 수 있다. 이렇게 현실과 가상이 구분되지 않는 상황에서 쏘는 일에 몰입하다 보면 현실에서 총기를 난사하는 일이 발생한다. 슈팅게임은 세계적으로 인기를 끌고 있지만 유독 미국 청소년들이 우려되는 것은 미국이 마음만 먹으면 손쉽게 총기를 구할 수 있는 나라이기 때문이다.

두 번째로 정신병원이 부족하다는 점을 들기도 한다. 트럼프 집권 이후 총기 사고로 수많은 사람이 희생되자 시민들은 총기를 규제하라고 압력을 가했다. 그러나 트럼프는 "방아쇠를 잡아당기는 것은 총이 아니라 사람이다."라며 진짜 문제는 총기 사고를 일으키는 이들의 정신에 있다고 주장했다. 그는 정신병자들이 거리를 활보하고 있는 것은 1960년대에는 많이 있던 정신병원들이 운영난으로 문을 닫은 이후라고 하면서, 임기 내에 이러한 병원을 많이 세우겠다는 정책을 내놓았다. 그러나 현실적으로는 학생, 주부, 군인, 노인 등 일반인들도 총기 사고를 일으키고 있어 정신병원을 짓는 것만으론 문제를 해결할 수 없다는 주장이 우세하다.

세 번째 이유는 점점 영향력을 확대하고 있는 SNS이다. SNS는 증오심을 가진 사람들이 정보를 공유하는 장으로 활용되고 있다. 특히 미국의 온라인 게시판 에잇챈8chan은 세계 인종 차별주의자들에게 큰 인기를 끌면서 총기 사고의 주축이 되었다. 총기 사고는 전형적인 증오범죄인데, 흑인이나 히스패닉에 대해 불만이 많은 미국의 백인 우월주의자들은 총기 사고를 일으키기 전 자기 생각을 에잇챈에 게재해 널리 알린다. 호주나 뉴질랜드, 유럽에 사는 일부 백인들은 아랍 지역에서 건너온 무슬림에게 적대감을 갖기도 한다. 처음에는 유색인종을 비난하던 글만 올리던 사람도 다른 회원이 총기 사건을 일으키면 따라 하면서 에잇챈은 총기 범죄의 온상이 되었다.

범행 전 총기 범죄자들은 그들의 생각을 장황하게 게시판에 올리면서 마치 세상을 구하는 영웅이라도 되는 것처럼 스스로를 내세운다. 회원들도 예비범죄자를 칭송하고 총기 난사 행위를 치켜세운다. 재판정에 선 총기 범죄자들은 반성의 기미라고는 전혀 없고 자신의 행동이 정의롭다고 말한다. 에잇챈을 통해 총기 범죄자들이 마치 전염병처럼 퍼져 나가자 정부는 2019년 사이트를 폐쇄했지만 큰 효과는 없었다. 잠재적 범죄자인 극단적인 백인 우월주의자들이 곧바로 유사한 온라인 게시판을 만들어 활동을 이어갔기 때문이다.

사람들의 마음속에 증오가 사라지거나 총기가 없어지지 않는 한 미국의 총기 사고는 계속될 수밖에 없는 것이 현실이다.

9장

아낌없이 내어주는

미국의 기부 문화

노블레스 오블리주를 실천한 로마인

노블레스 오블리주Noblesse Oblige는 사회 지도층 인사에게 요구되는
도덕적 의무와 책임을 뜻합니다. 예전부터 서양에서는 특권을 누리
는 상류층 스스로 자신의 지위에 걸맞은 책무를 솔선수범함으로써
일반 국민으로부터 존경을 받아 왔습니다.

오늘날 미국을 비롯한 서양 세계
에 깊이 뿌리내린 노블레스 오블리
주의 기원은 고대 로마 시대로 거
슬러 올라갑니다. 로마는 지중해의
패권을 두고 북아프리카의 강대국
카르타고*와 오래전부터 치열한 경
쟁을 벌였는데, 기원전 218년 카르
타고의 명장 한니발이 쳐들어오면
서 절체절명의 위기에 놓이게 되었

명장 한니발

---

* 고대 페니키아인이 세운 식민 도시. 현재 북아프리카의 튀니지 일대에 위치하였다.

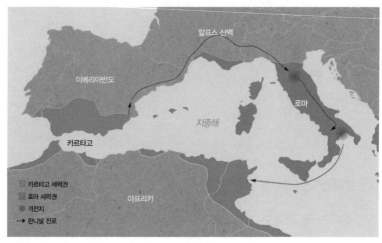

한니발의 진군 행로

지요.

　전략과 전술의 천재 한니발은 보병 9만 명, 기병 1만여 명, 전투용 코끼리 37마리 등 대군을 이끌고 험준한 알프스산맥을 넘어 로마로 진군했습니다.

　예상치도 못한 기습공격을 받은 로마군은 제대로 대처하지 못해 엄청난 피해를 입었습니다. 칸나에전투*에서는 무려 7만 명이 목숨을 잃고 말았지요. 하지만 천하의 한니발도 로마 지배층의 처절한 투쟁을 뚫지는 못했습니다. 그는 끝내 로마를 무너뜨리지 못했습니다. 최고 권력자인 집정관을 비롯해 최고위 지도자들이 몸을 사리지 않고 전투에 앞장서 무려 8명이 전사했습니다. 또 상당수의 귀족이 전쟁터

* 기원전 216년 남이탈리아 중부 칸나에 평원에서 로마군과 카르타고군이 벌인 전투.

에서 나라를 지키다 전사했습니다.

로마는 지배층의 희생을 기반으로 카르타고와의 전쟁에서 승리하여 지중해에 대한 지배권을 확보했습니다. 이후로도 로마의 지배층은 전쟁이 벌어질 때마다 선두에 서서 국가를 위해 기꺼이 목숨을 바쳤습니다. 로마 지배층

코끼리를 타고 로마를 침략한 한니발

이 국가를 위해 내놓은 것은 목숨만이 아니었습니다. 이들은 국민이 꼭 필요로 하는 회의장, 극장, 목욕탕, 도로 등 공공시설을 만드는 일에도 기꺼이 사재를 내놓았지요.

로마 시대 당시 기부는 비단 기득권을 가진 상류층만의 일이 아니었습니다. 평민도 능력이 허락하는 한도 내에서 적극적으로 참여했습니다. 유럽과 아시아에 걸쳐 촘촘히 구축된 도로망은 수많은 로마인의 기부금으로 만들어졌습니다. 로마인의 시민 의식은 매우 높았습니다. 그들의 묘비 뒷면에는 군 복무 시절 참전한 전투와 공공의 이익을 위해 기부한 이력이 빼곡히 적혀 있을 정도랍니다.

하지만 시간이 흐를수록 로마인들의 노블레스 오블리주 정신이 사라지면서 제국의 운명도 함께 쇠퇴해 갔습니다. 로마제국 말기, 지배

가진 자와 평민 모두의 기부로 만들어진 로마의 도로

층은 국가와 국민을 위해 재산을 내놓기는커녕 오히려 사회적 약자의 재산을 빼앗는 데만 혈안이 되어 있었습니다. 로마 초기 부유층과 평민 사이의 소득 격차는 수십 배 정도에 머물렀지만, 말기에는 20만 배가 넘을 정도로 심각해지면서 사회 결속력은 급격히 떨어졌습니다. 또한 군대에 가지 않기 위해 자신의 엄지손가락을 자르는 자해행위를 하는 사람까지 나타났습니다. 위대한 로마 정신이 사라지면서 천년 동안 견고했던 로마제국도 역사의 뒤안길로 사라졌습니다.

카르타고보다 경제력이 뒤지고 게르만족보다는 체력적 열세에 있었던 로마가 세상을 지배할 수 있었던 원동력은 무엇이었을까요. 그 해답을 로마인의 노블레스 오블리주 정신에서 찾은 후세의 역사가들은 강대국의 조건이 물질이 아니라 정신이라는 주장을 내놓기도 했습니다.

스스로 교수대로 향한 칼레의 고위층

1337년 영국과 프랑스는 이른바 '100년 전쟁'에 돌입했습니다. 전쟁이 시작된 지 9년 만인 1346년 9월, 영국 왕 에드워드 3세는 프랑스의 칼레항을 포위하고 공격에 나섰습니다. 이때 칼레 시민들이 일심단결로 성안에 모여 영국군에 극렬히 저항했습니다. 칼레 시민들의 눈물겨운 저항은 1년 가까이 계속되었지만, 성안에 양식이 떨어지자 더는 버틸 수 없었습니다. 이에 칼레 시장은 영국군에 항복할 뜻을 밝히고 칼레 시민에게 관용을 베풀어 달라고 요청했습니다.

하지만 영국 국왕은 칼레 시민을 용서해 줄 생각이 전혀 없었습니다. 그동안 칼레 시민들의 사활을 건 저항으로 인해 영국군이 이곳에서 1년 동안 발이 묶여 있었고 인명피해 또한 막심했기 때문입니다. 에드워드 3세는 칼레 시민의 목숨을 살려주는 대가로 6명의 명망 있

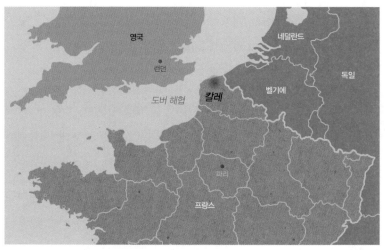

프랑스의 칼레

에드워드 3세

는 지도층 인사를 교수형에 처하겠다고 말하며 누가 죽을지는 알아서 결정하라고 명령했습니다. 만약 6명의 자원자가 나오지 않으면 칼레 시민을 남김없이 죽이겠다는 경고도 잊지 않았습니다.

영국 국왕의 무시무시한 요구 사항에 충격을 받은 칼레 시민들이 6명의 자원자를 뽑기 위해 회의를 시작하자 한동안 무거운 적막이 흘렀습니다. 그러나 이내 칼레시의 최고 갑부였던 외스타슈 드 생 피에르가 자리를 박차고 일어 났습니다. 첫 자원자로 나선 피에르의 뒤를 이어 칼레 시장, 고위 관료, 법조인 등 칼레시를 대표하는 상류층이 자원자로 나서 6명의 자원자가 모두 채워졌습니다.

다음날 6명의 자원자는 영국 국왕의 명령대로 옷을 벗은 채 목에 오랏줄을 감고 나와 교수대로 향했습니다. 그런데 교수대에 오르기 직전 임신 중이었던 왕비가 나서서 남편 에드워드 3세에게 이들을 용서해 주도록 간청했습니다. 출산을 앞두고 무고한 사람을 해치면 머지않아 태어날 아기에게 불행이 닥칠지도 모른다는 불안감 때문이었습니다. 왕비의 간청을 받아들인 영국 국왕은 자원자 모두를 사면해 주었습니다. 칼레의 시민 이야기에는 극적으로 가공된 부분이 있다는 것이 현대의 정설이지만, 이는 프랑스의 노블레스 오블리주의 대표적인 사례가 되었습니다.

영국에도 프랑스 못지않은 노블레스 오블리주 정신이 흐르고 있습니다. 왕족을 비롯한 영국의 상류층은 전쟁이 일어날 때마다 자원입대해 승리로 이끌었습니다. 두 차례에 걸친 세계대전 기간에는 명문 케임브리지 대학과 옥스퍼드 대학 출신의 상류층 자제들이 대거 군에 입대해 전쟁터로 떠났습니다. 이들은 주로 전투기 조종사가 되어 참전했는데 창공에서 벌어진 격렬한 공중전으로 수많은 젊은이가 하늘에서 장렬한 최후를 맞이했습니다. 이들 대학의 재학생 3명 중 1명이 전쟁 기간에 전사했습니다.

왕족도 국가를 위해 목숨을 바치기는 마찬가지였습니다. 제2차 세

영국 명문대 출신의 조종사들

제2차 세계대전에 참전한
엘리자베스 2세

계대전 기간 중 공주 신분이었던 엘리자베스 2세는 1945년 소위로
입대해 군용 트럭을 운전하는 한편 타이어를 교체하는 등 자동차 정
비에도 힘을 보탰습니다. 엘리자베스 여왕의 아들인 앤드류Andrew 왕
자는 1982년 영국과 아르헨티나 사이에 일어난 포클랜드 전쟁에 전
투 헬기 조종사로 참전해 공을 세웠습니다. 또한 찰스 왕세자의 둘째
아들 해리 윈저Henry Windsor는 2012년 아프가니스탄과의 전쟁에 참전
해 최전선에서 적과 사투를 벌였습니다.

전쟁터로 달려간 미국 상류층

영국, 프랑스와 달리 왕족이나 귀족 같은 특권 계급이 없는 나라이
지만 미국 상류층의 노블레스 오블리주 정신은 유럽에 뒤지지 않습
니다. 1776년 7월 4일, 조지 워싱턴을 비롯한 아메리카 식민지의 엘

리트들은 독립선언을 하고 영국과
의 본격적인 전쟁에 나섰습니다.
독립전쟁을 주도한 주역들은 영국
식민지 아래에서도 얼마든지 잘 살
수 있는 기득권층이었습니다. 하지
만 아메리카 대륙에 민주주의 국가
를 건설하기 위해 생명과 재산 등
모든 것을 내놓고 세계 최강 영국
과 맞섰습니다.

목숨을 걸고 독립운동을 이끈 조지 워싱턴

1783년 영국으로부터 독립을 쟁취한 이후에도 독립전쟁을 주도한
주역들은 자신들의 사익을 추구하는 대신 모범적인 민주주의 국가를
만드는 데 헌신했습니다. 이들은 전쟁이 일어날 때마다 앞장서서 전
쟁을 이끌었습니다. 대부분의 상류층 자제들은 제2차 세계대전에도
참전해 유럽, 아프리카, 아시아 등
전 세계의 전쟁터를 누볐습니다.

미 육군참모총장 출신 드와이트
아이젠하워의 경우처럼 제2차 세
계대전을 승리로 이끈 장군이 직접
대통령직에 오르기도 했지만, 대개
민간인이 대통령직에 올랐는데 이
들 역시 참전 경험이 있는 경우가

제2차 세계대전 태평양 전선에 해군 장교로
참전한 존 F. 케네디

육군참모총장으로
제2차 세계대전을 승리로 이끈
드와이트 아이젠하워

많았습니다.

1961년 제35대 대통령이 된 존 F. 케네디는 미국식 노블레스 오
블리주 정신의 상징과도 같은 존재입니다. 제2차 세계대전이 일어나
수많은 젊은이가 전쟁터로 떠나자 최상류층 출신이었던 케네디 역시
미국을 지키기 위해 입대를 신청했습니다.

하지만 어릴 적부터 건강에 문제가 많았던 케네디는 신체검사에서
불합격해 입대할 수 없었습니다. 여러 차례 입대 신청을 했지만 끝내
검사를 통과하지 못했습니다. 그래도 억만장자 출신으로서 정치권에
거미줄 인맥을 갖고 있던 아버지의 도움을 받아 해군 장교로 임관했
습니다. 케네디는 일본군에 맞서 태평양 전선에서 용감히 싸웠고 전
투 도중 큰 부상을 입기도 했습니다. 이로 인해 장기부터 척추까지
성한 곳이 없어 죽는 날까지 진통제로 통증을 이겨 내야 했습니다.

한국전쟁 역시 노블레스 오블리주 정신을 실천한 전쟁이었습니다.

이 전쟁에는 아이젠하워 대통령의 아들을 비롯해 제2차 세계대전의 영웅 조지 패튼George Smith Patton 장군의 아들, 앨런 덜레스Allen Welsh Dulles CIA국장 아들 등 상류층 자제들이 대거 참전했습니다.

당시 미8군 사령관이었던 월턴 워커Walton Harris Walker 중장은 아들과 함께 참전했다가 사고로 목숨을 잃고 말았습니다. 부친의 사망 소식에도 아들 샘 워커Sam Walker 육군 대위는 한국의 전쟁터에서 계속 싸우겠다고 고집했습니다. 그러자 전쟁을 지휘하던 더글러스 맥아더 원수는 샘 워커를 미국으로 강제로 돌려보냈습니다. 아들마저 목숨을 잃으면 부자父子가 모두 사망할 뿐 아니라 가문의 대가 끊기기 때문이었습니다.

월턴 워커의 후임으로 부임한 제임스 밴 플리트James A. Van Fleet 장군 역시 한국전에서 가족을 잃는 슬픔을 겪었습니다. 1952년 4월, 그의 아들 밴 플리트 2세는 공군 중위로 참전해 야간 폭격을 위해 북한군 점령 지역으로 출격했다가 실종되고 말았습니다. 미8군 사령관이던 밴 플리트의 부하들은 대대적인 수색 작전을 벌여야 한다고 주장했지만, 그는 반대했습니

한국전쟁에서 아들을 잃은 제임스 밴 플리트 장군

다. 적진에 들어간 병사들의 희생만 낳을 것이라는 이유였습니다. 한 국전쟁 당시 142명의 미군 장성의 아들이 참전했고, 이들 중 35명의 사상자가 나왔으며, 이는 미국식 노블레스 오블리주의 예로서 역사의 한 페이지로 남았습니다.

기부, 미국식 상부상조의 문화

1620년 영국 청교도가 미국 땅에 첫발을 내디뎠을 당시에는 이들을 지켜 줄 정부 조직이 없었습니다. 이들은 살아남기 위해 서로 돕고 살아야 했습니다. 청교도가 따르는 기독교 교리도 사회적 약자를 돕는 것을 의무로 삼았기 때문에 그들에게 남을 돕는 것은 선택이 아닌 의무였습니다. 즉, 진정한 기독교인이라면 마땅히 기부를 통해 선을 행해야 하고 이는 신에 대한 믿음을 표현하는 수단이라 여겼습니다.

독립을 쟁취하고 근대 국가로 발전하는 과정에서도 상부상조의 문화는 계속되었습니다. 이는 정부의 역할이 다른 나라보다 약했기 때문이기도 합니다. 더구나 미국 사회에서 개인의 자유와 재산권 보호는 지상 최고의 가치이기에 정부의 간섭은 금기시되었고, 결국 정부가 주도해야 할 복지제도는 활성화될 수 없었습니다. 부실한 복지제도로 인한 사회 붕괴를 막는 유일한 방법은 여유 있는 사람들이 재산 일부를 내놓는 수밖에 없었습니다. 따라서 미국은 기부 문화를 통해 사회를 지탱해 왔습니다.

미국 사회의 특이한 점은 평범한 사람들이 더욱 기부에 적극적이라는 것입니다. 경제적 여유가 많지 않은 중산층 이하의 사람들이 기부에 앞장섰고, 부유층은 오히려 가난한 사람들을 돕는 일에 소극적이었습니다. 자본주의 사회에서 회사의 이윤 추구는 당연한 일이고, 이로 인해 소득이 생기더라도 분배할 의무는 없다고 여긴 것입니다.

19세기 후반 소득 양극화 현상이 극심해지면서 미국 사회에 커다란 변화가 생겨났습니다. 석유왕 존 록펠러, 철강왕 앤드류 카네기, 자동차왕 헨리 포드 등 산업 각 분야를 독점하는 거대 자본가가 등장하면서 사회는 극소수 부자와 절대다수의 가난한 노동자로 양분되었습니다.

거대 자본가들이 공무원 매수, 담합, 노동조합 탄압 등 불법과 편법을 총동원해 막대한 부를 축적하는 과정에서 수많은 중소기업이 무너지고 노동자들은 핍박을 받았습니다. 일반 국민들의 거대 자본가에 대한 반감이 극에 달하자 국민의 지지를 받아야 하는 정치인들도 더는 부자 편에 설 수 없었습니다.

제26대 대통령 시어도어 루스벨트는 악행을 일삼던 거대 자본가들을 법정에 세우고 대기업 집단을 해체하는 등 이전까지는 상상도 할 수 없던 개혁을 추진해 나갔습니다. 이에 모든 것을 잃을지도 모른다는 불안감에 휩싸인 자본가들은 실추된 이미지를 만회하기 위해 적극적인 기부 활동에 나섰습니다.

약자를 위해 개혁을 추진한 시어도어 루스벨트

억만장자의 기부 문화를 이끈 존 록펠러

　여기서 주목할 점은 록펠러나 카네기 같은 대자본가의 기부가 단지 국민에게 잘 보이기 위한 겉치레 정도가 아니라, 그동안 모은 전 재산을 내놓은 파격적인 수준이었다는 것입니다. 이들은 막대한 액수의 돈을 선뜻 내놓았으며 기부금을 체계적으로 관리하기 위해 대규모의 자선재단을 만들었습니다.

　처음에는 국민이 억만장자를 인정해주지 않았습니다. 자선재단을 만들고 공공복리를 위해 나섰지만, 진심이라고 여기지 않았습니다. 그동안 대자본가들이 힘없는 사람들을 상대로 너무 많은 악행을 저질렀기 때문입니다. 시어도어 루스벨트 대통령조차 석유왕 록펠러가 전 재산을 내놓았다는 소식을 듣고 "록펠러가 어떤 선행을 하든지 간에 그동안 재산을 축적하는 과정에서 저지른 악행을 덮을 수는 없다."라며 부정적인 견해를 내놓았습니다.

　재산을 내놓은 억만장자들은 끊임없는 선행을 통해 자신들에 대한 불신을 털어내는 데 성공했습니다. 철강 왕 카네기는 "부자로 죽는 것은 부끄러운 일이다."라는 말을 남겼습니다. 이후 등장한 거대 자본가, 이른바 '슈퍼리치'는 카네기처럼 기부하는 것을 당연시하며 부의 사회 환원에 앞장서고 있습니다. 이처럼 정부 혼자서는 감당할 수 없는 사회적 약자에 대한 보호를 기부 문화로 해결하면서 미국 사회가 유지되고 있습니다.

모두를 위한 최고의 도서관

　기원전 3세기경 오늘날의 이집트 땅에는 알렉산드리아Alexandria라는

기원전 288년에 세워진 세계 최대 규모의 알렉산드리아 도서관

국가가 있었습니다. 알렉산드리아는 앞선 문명을 기반으로 지중해 세계에 막강한 영향력을 미쳤지요. 이곳의 통치자들은 지식이 국가 발전의 원동력이라는 판단 아래 당시 세계 최대 규모의 도서관을 짓고 책을 모았습니다.

알렉산드리아 도서관은 세계 각지에서 책을 가지고 찾아온 사람으로 북적였습니다. 희귀한 책을 가져오는 사람에게는 큰 포상금을 지급했기 때문이었습니다. 또 수많은 외국인이 문명의 중심지이던 이 도시를 들락거렸는데, 관리들은 외국인의 짐을 철저히 뒤져 책을 찾아냈습니다. 압수한 책은 알렉산드리아 도서관의 사서들이 일일이 손으로 베낀 후 원본을 보관하고 복사본을 돌려주었습니다. 책을 빼앗긴 외국인은 불쾌했지만, 알렉산드리아의 법을 따르는 것 이외에 다른 방도는 없었습니다.

큰 규모를 자랑하는 영국 국립도서관

이 같은 노력 덕분에 알렉산드리아 도서관은 무려 70만 권이 넘는 장서를 보유했습니다. 하지만 힘들게 수집한 책이 소수의 지배계층에만 허락되었기 때문에 지식은 널리 퍼져 나가지 못했습니다. 일반인은 알렉산드리아 도서관 근처에 얼씬거릴 수도 없었고 지식은 오로지 지배계급의 전유물이었습니다.

18세기 후반 영국은 산업혁명을 성공적으로 이끈 것을 계기로 전 세계를 호령하는 패권국으로 등장했습니다. 영국 역시 지식을 중시했습니다. 당시 영국 국립도서관은 세계 최대의 도서관으로서 국가의 저력을 상징했습니다. 미국의 근간을 만든 지도자들 또한 누구나 이용할 수 있는 공공도서관을 만들기 위해 노력했습니다. 영국을 거울삼아 지식의 중요성을 일찌감치 간파했기 때문입니다.

재산의 절반을 대학에 기부한 존 하버드

현대식 공공도서관을 설립한 벤저민 프랭클린

1638년 존 하버드 목사가 세상을 떠나기 전 자신이 소장하고 있던 책과 재산의 절반을 기부했습니다. 이때 하버드 대학과 함께 미국 최초의 도서관이 만들어졌습니다.

1778년에는 현대식 도서관의 원형인 프랭클린 공공도서관이 설립되었습니다. 이 도서관은 회원가입만 하면 누구든 책을 빌릴 수 있는 최초의 도서관으로, 벤저민 프랭클린의 이름을 따서 지었습니다. 100달러짜리 지폐의 주인공인 벤저민 프랭클린은 국민에게 존경받는 정치인이자 사상가, 기업인입니다. 그는 살아 있는 동안 큰돈을 모은 부자였으며 누구보다 기부에 앞장섰습니다.

1778년 벤저민 프랭클린에게 마을 교회에서 사용할 종을 기부해 달라는 편지 한 통이 도착했습니다. 벤저민 프랭클린은 종 대신 다량의 책을 보내면서 "종소리보다 정신이 중요합니다."라는 답장을 동봉했습니다. 그가 기부한 책을 받은 매사추세츠주 사람들은 그를 기리기 위해 프랭클린 공공도서관을 만들었습니다.

이후에도 수많은 사람이 도서관을 만드는 일에 돈과 책을 기부하면서 모두를 위한 공공도서관은 점점 늘어났습니다. 1881년, 철강 왕 카네기가 공공도서관 건립에 앞장서며 미국을 통

많은 재산을 도서관 건립에 기부한 앤드류 카네기

스코틀랜드에 있는 첫 번째 카네기 도서관   피츠버그의 카네기 도서관

유럽의 세르비아에 건립된 카네기 도서관

틀어 당대 최고 수준의 도서관이 들어섰습니다. 록펠러와 함께 미국 역사상 최고의 억만장자로 손꼽히는 카네기는 가난했던 어린 시절 어느 독지가가 마련한 작은 도서관에서 책을 읽으며 꿈을 키웠습니다. 철강 사업을 하는 동안 그는 노조탄압 등 온갖 악행으로 악명을 떨치기도 했지만 큰 성공을 거둔 후 마음을 고쳐먹고 도서관 짓는 일에 막대한 돈을 쏟아부었습니다.

카네기는 살아생전 미국 내 공공도서관의 수를 두 배로 늘리고 다른 국가들에도 2,500개 이상의 공공도서관을 세워서 지식을 확산시키는 데 크게 기여했습니다. 이를 통해 그는 악덕 자본가라는 오명에서 벗어나 미국 역사에 길이 남는 위인이 되었습니다. 오늘날 미국 전역에는 1만 7,000개 이상의 공공도서관이 설치되어 있는데, 양적인 측면뿐 아니라 질적으로도 세계 최고 수준입니다.

오늘날 미국의 공공도서관은 미국에 있는 사람이면 누구나 자유롭게 이용할 수 있는 개방적인 공간입니다. 심지어 불법 체류자에게도 열려 있습니다. 도서관 직원은 정부로부터 월급을 받지만, 비치된 서적은 기부로 마련된 경우가 대부분입니다. 부자, 가난한 사람 구분 없이 도서관에 책을 기부하는 것을 가치 있는 일로 생각하기 때문에 양질의 서적이 끊임없이 공급되고 있습니다.

미국의 공공도서관은 단순히 책을 볼 수 있는 곳이 아닙니다. 주민들이 모여 대화하고 교류하는 사랑방 역할도 하고 있습니다. 자연재해가 발생하면 피난처 역할도 합니다. 허리케인이나 지진이 마을을 할퀼 때 공공도서관은 주민들에게 숙식을 제공하는 장소가 됩니다. 최근에는 사물 대여 도서관으로 변모하여 재봉틀, 악기, 비디오카메라 등 생활용품을 빌려주고 있습니다. 상업주의가 만연한 미국 사회에서 공공도서관은 누구나 무료로 이용할 수 있는 공동체 정신이 살아 숨 쉬는 공간입니다.

극빈자를 위한 푸드뱅크

1967년 애리조나주 피닉스Phoenix의 무료 급식소에서 자원봉사활동을 하던 존 밴 헹겔John van Hengel은 그곳을 이용하던 한 여성으로부터 한 가지 사연을 듣게 되었습니다. 홀로 자식 여섯을 어렵게 키우던 그녀는 슈퍼마켓들이 음식을 쓰레기통이 아닌 다른 곳에 버려 주면 좋겠다는 푸념을 늘어놓았습니다. 충분히 먹을 수 있는 음식물을 쓰레기통에 버리는 바람에 그 음식을 먹기가 꺼려졌기 때문입니다. 헹겔은 슈퍼마켓 주인에게 버려지는 음식을 기부해 달라고 부탁하고 지역 교회를 찾아가 식품을 보관할 수 있는 창고를 빌렸습니다.

이후 헹겔은 '세인트 메리 푸드뱅크St. Mary's Food Bank'라는 단체를 만

세인트 메리 푸드뱅크 로고

들고 기부받은 식품을 가난한 사람들에게 나눠 주는 일에 나섰습니다. 소득 양극화가 심한 미국에서는 해마다 비만으로 수십만 명이 목숨을 잃고 막대한 돈을 비만 치료 비용으로 사용합니다. 반면 해마다 헤아릴 수 없을 만큼의 먹을 수 있는 음식이 버려지기도 합니다. 그런데 한편으로는 끼니를 해결하지 못하는 사람도 많습니다. 5,000만 명에 가까운 사람들이 푸드뱅크를 이용해야 할 만큼 경제적인 어려움을 겪고 있는데 이는 미국인 7명 중 1명꼴이나 되는 수입니다.

애리조나를 시작으로 푸드뱅크가 미국 전역에 생겨나면서 배고픈 사람들에게 큰 도움이 되고 있습니다. 영토가 넓은 미국에서 극빈층은 자가용이 없는 경우가 많아 이른바 '식품 사막' 현상을 겪고 있습니다. 자동차 없이 걸어서는 식료품점에 갈 수 없어 야채나 과일 같

푸드뱅크에 모인 기부 식품

은 신선한 식품을 먹지 못하는 현상을 '식품 사막'이라고 합니다. 특히 빈곤층 자녀들은 방학 때마다 무료급식을 먹지 못해 굶주림에 시달리기 일쑤이지요. 이런 상황에서 푸드뱅크는 극빈층에게 균형 잡힌 영양분을 제공하는 중요한 역할을 하고 있습니다.

해마다 20억 달러 이상의 음식이 푸드뱅크로 모이고 있습니다. 기부자 중에는 스타벅스, KFC, 타코벨Taco Bell 등 세계적인 기업도 상당수에 이릅니다. 이들 기업은 가난한 사람들에게 최대한 신선한 음식을 제공하기 위해 당일 팔리지 않은 음식을 곧바로 푸드뱅크에 기부하고 있습니다.

2000년대 이후 미국 경제는 양적인 성장을 지속했지만 그 결실은 대부분 부유층의 몫으로 돌아갔습니다. 대기업 임원이나 펀드매니저 등 금융업 종사자들이 해마다 수백만 달러의 연봉을 벌어들이는 동안 평범한 노동자들은 최저임금에 시달리며 말 그대로 먹고살기도 쉽지 않게 되었습니다.

게다가 제조업체들이 값싼 인건비를 찾아 중국이나 멕시코로 공장을 이전하다 보니 중산층의 수도 줄어들어서 푸드뱅크를 이용하는 사람이 늘어만 가고 있습니다. 이용자가 증가하자 저소득층이 푸드뱅크에서 배급받을 수 있는 식품의 양도 줄어들고 있습니다. 동시에 무료로 제공되는 음식이 동날까 봐 걱정하는 사람들의 줄서기 시작하는 시간은 점점 앞당겨지고 있습니다. 이렇듯 급격히 늘어난 푸드뱅크 이용자들로 인해 운영진의 고민은 깊어지고 있습니다.

공공의 이익을 위한 재능 기부

기부는 단지 물질을 나누는 것만을 의미하지 않습니다. 기부의 나라 미국에서는 자신의 재능을 기부하는 프로보노Pro Bono가 세계에서 가장 활발히 이루어지고 있습니다. 프로보노란 '공익을 위하여'라는 뜻의 라틴어 '프로보노 퍼블리코pro bono publico'의 줄임말로 전문적인 지식과 기술을 여유 없는 사회적 약자에게 무료로 제공하는 것을 말합니다.

미국에서 프로보노가 가장 활발한 곳은 법률 서비스 분야입니다. 미국은 변호사가 지나치게 많다 보니 어느 나라보다도 경쟁이 치열해 소송이 남발되는 문제를 안고 있습니다. 변호사들은 수임료를 챙기기 위해, 다른 나라 같으면 대화로 충분히 해결할 수 있는 문제를 두고도 소송을 부추겨 국민이 사소한 일로 법정에 서는 일이 다반사입니다.

미국 국민이 느끼는 소송에 대한 공포는 상상을 초월할 정도로 큽

무료 법률 서비스로 재능 기부에 나선 미국의 변호사

니다. 이 같은 고민을 덜어주기 위해 무료 법률 서비스를 제공하는 변호사가 등장했습니다. 미국 변호사협회는 변호사 등록 요건의 하나로 일정 시간의 무료 법률 자원봉사활동을 요구하고 있습니다. 이는 변호사가 되기 전부터 공익을 위한 활동에 익숙해지도록 하기 위해서입니다. 또 변호사가 된 이후에도 연간 50시간 이상을 공익활동을 위해 사용해야 합니다.

특히 규모가 큰 대형 로펌은 소속 변호사들에게 연간 60~100시간 가량을 프로보노 활동을 위해 사용하도록 권합니다. 이는 개인 변호사보다 더 많은 시간입니다. 대형 로펌은 주로 대기업의 이익을 위해 활동하다 보니 힘없고 돈 없는 억울한 사람들과 접할 기회가 거의 없습니다. 따라서 대형 로펌의 사회적 책임 강화 차원에서 많은 시간 프로보노 활동을 하라고 권하는 것입니다. 변호사들의 프로보노 활동은 대외 이미지에도 큰 영향을 미치기에 로펌 입장에서 신경 쓰지 않을 수 없습니다.

미국 변호사협회는 해마다 프로보노 활동 순위를 매겨 발표하는데, 이는 고객과 로스쿨 재학생들이 로펌을 선택하는 중요한 잣대로 활용됩니다. 미국에서 변호사는 '법을 잘 아는 거짓말쟁이'로 불릴만큼 나쁜 이미지가 강하지만 프로보노 활동을 통해 국민에게 다가가는 노력을 기울이면서 이미지 개선에 나서고 있습니다.

비단 변호사뿐 아니라 다양한 전문 직종의 사람들이 자원봉사활동에 나섭니다. 의사들이 모여 만든 슈바이처 프로젝트, 저소득층을 지원하기 위한 테레사 수녀 프로젝트, 체육인들이 만든 헤라클레스 프로젝트, 문화예술인들이 만든 오드리 헵번 프로젝트, 교육자, 상담전문가들이 만든 키다리 아저씨 프로젝트 등 수많은 프로보노 단체가 활동하고 있습니다.

공익을 위해 전문지식을 활용하는 프로보노 활동뿐 아니라, 단순 노동력을 기부하는 자원봉사활동도 전 세계에서 가장 활성화된 나라가 미국입니다. 국민 절반가량이 자신보다 열악한 환경에 있는 사람들을 돕기 위한 활동에 나서는데, 이는 돈으로 측정할 수 없는 미국 사회의 아름다운 미덕입니다. 기부자들이 자신이 가진 재능을 이웃과 나눔으로써 사회는 새로운 가치들로 충만해집니다. 문제투성이인 나라 미국이 계속해서 세계 최강국의 지위를 누리고 있는 중요한 이유 중 하나가 바로 남을 돌보는 전통이 살아 있다는 것입니다.

팁 이야기

미국을 처음 방문한 외국인에게 미국식 팁tip 문화는 상당한 혼란을 줍니다. 다른 나라에도 팁 문화가 없는 것은 아니지만 미국처럼 반강제적이지는 않기 때문입니다. 호텔이나 레스토랑 등 고객이 서비스를 받는 곳이라면 대부분 팁을 내야 합니다. 금액도 상당해 레스토랑에서 음식을 사 먹을 때 식대의 15~20%에 해당하는 팁을 종업원에게 내야 하지요.

팁은 좋게 보면 자신이 받는 서비스에 대해 경제적으로 여유가 있는 사람들이 돈으로 보답하는 선의의 행동으로 생각할 수 있습니다. 하지만 서비스를 받은 손님이 반드시 지급해야 하는 비용이라는 점에서 선의에 의한 행동으로만 바라볼 수는 없습니다.

팁 문화의 기원은 유럽입니다. 엄격한 신분제 사회였던 유럽에서는 귀족들이 자선이나 기부의 뜻으로 서비스를 제공한 평민들에게 팁을 주었습니다. 유럽 여행 중에 이를 지켜본 미국 부자들이 자국으로 돌아와 서비스업 종사자에게 팁을 주기 시작하면서 미국의 팁 문화가 시작되었습니다.

팁 문화가 미국에 도입된 초기에는 부유층의 자발적인 의사에 의해 팁을 주었지만, 팁을 주는 것이 관례가 되자 상황이 바뀌어 갔습니다. 손님은 팁을 주지 않고는 서비스를 받지 못했고 고용주는 팁을 이유로 들어 종업원의 임금을 제대로 주지 않았습니다. 종업원이 손님으로부터 팁을 받아 부수입을 올리는 것을 빌미로 법정 최저임금보다 훨씬 낮은 임금만을 지급하는 것이지요.

게다가 정부는 고용주의 편에 서서 팁을 받는 근로자에게는 법정 최저임금을 주지 않아도 되게 하는 법률을 제정했습니다. 이로 인해 서비스업 종사자의 경제적 지위는 형편없이 낮아졌습니다. 손님에게 팁을 받기 위해 무엇이든 해야 했기 때문입니다. 서비스업에 종사하는 여성의 90% 이상이 성

식대의 15~20%에 해당하는 팁

희롱과 성추행을 경험했을 정도로 이들은 인권의 사각지대에 있습니다. 서비스업에 있는 사람의 절반가량이 빈곤층이며 사회에서 약자 계층에 속합니다. 인종, 성별, 외모에 따라 손님으로부터 받는 팁도 천차만별인데 금발, 백인, 미인일수록 팁을 많이 받습니다. 이에 비해 흑인 여성은 같은 일을 하고도 상대적으로 적은 팁을 받는 차별을 겪고 있습니다.

유럽에서 도입된 팁 문화는 기부의 일종으로 시작되었지만, 서비스를 평가하는 잣대로 여겨지기도 합니다. 만약 식당 등에서 일하는 종업원에게 팁을 주지 않으면 이는 그 사람의 서비스 태도나 음식의 질이 너무 낮다고 말하는 일이나 다름없습니다. 또 손님에게 팁을 줘야만 하는 의무는 없지만 상대편에서는 이를 기대하기 때문에 마찰이 생길 수도 있습니다.

이처럼 부유층의 선의에서 시작된 팁이 여러 가지 사회문제의 원인이 되자, 팁 문화를 없애자는 움직임이 일고 있습니다. 팁 문화의 폐지를 주장하는 사람들은 서비스업 종사자가 팁을 받기 위해 손님에게 굽실거려야 하는 것은 미국 건국 정신인 평등사상에 위반된다고 합니다. 또 최선을 다해 손님을 대접했음에도 불구하고 팁을 못받는 경우도 적지 않아 노동에 대한 대가를 제대로 받지 못하는 현실도 지적합니다. 이들은 손님에게 제공되는 서비스나 상품 가격을 아예 15~20%가량 인상해 그 금액을 종업원에게 월급으로 주어 팁 문화를 없애자고 주장하고 있습니다.

실제로 2014년 워싱턴주 시애틀에서 법정 최저임금을 크게 올리는 방법으로 팁 문화를 없애려고 했지만 큰 성과를 올리지는 못했습니다. 게다가 100년 넘게 지속된 미국식 팁 문화를 그대로 유지하자는 주장도 만만치 않아 해결책을 찾는 일은 쉽지 않은 상황입니다.

오프라 윈프리의 열두 번째 선물

오프라 윈프리는 1954년 인종차별이 극심하기로 악명 높은 미시시피주에서 태어났습니다. 가난한 흑인 가정의 사생아로 태어난 윈프리는 여섯 살이 되던 해까지 할머니와 함께 살았습니다. 방송에 관심이 많았던 윈프리는 19세의 어린 나이에 볼티모어에 있는 작은 지역 방송국에 취업해서 방송인으로서 첫발을 내디뎠습니다.

1983년, 윈프리는 중부 지역 최대의 도시인 시카고로 이주해 이전보다 규모가 큰 지역 방송국에서 일하게 되었습니다. 그녀가 처음 맡은 임무는 저녁 뉴스의 앵커였는데 진행이 매끄럽지 않아 몇 달 만에 자리에서 밀려났습니다. 감정이 지나치게 풍부해 뉴스 전달 도중 자신의 감정을 감추지 못하고 그대로 드러냈기 때문입니다.

1984년 윈프리는 시카고에서 가장 낮은 시청률을 기록하던 30분짜리 아침 토크쇼인 '에이엠 시카고AM Chicago'의 진행자가 되었습니다. 그녀의 풍부한 감성은 토크쇼에서 빛을 발했습니다. 인간미가 넘쳐나는 윈프리의 토크쇼는 시청자들을 울리고 웃기면서 한 달 만에 시카고의 최고 인기 프로그램이 되었습니다.

토크쇼 진행자로 성공한 기부의 여왕 오프라 윈프리

1986년 그녀의 프로그램은 '오프라 윈프리 쇼'라는 이름을 달고 미국 3대 방송사 중 하나인 ABC 방송국을 통해 전국에 방영되었는데, 얼마 지나지 않아 최고의 시청률을 기록했습니다. '오프라 윈프리 쇼' 시청자는 미국에서만 2,200만 명을 넘어섰고 세계 145개국에서 방영되었습니다. 윈프리는 미국을 넘어 세계적인 유명인사가 되었습니다.

1993년, 윈프리는 좀처럼 방송에 모습을 드러내지 않던 마이클 잭슨을 섭외해 자신의 쇼에 특별 출연자로 초대했습니다. 이날 방송은 무려 3,650만 명이 시청해 미국 토크쇼 역사상 가장 높은 시청률을 기록했습니다. 그녀의 쇼에는 마이클 잭슨 같은 유명인사만 등장한 것이 아닙니다.

2003년, 한 남성의 음주운전 사고로 인해 전신 화상을 입고 온몸에 끔찍한 흉터가 남은 여성이 게스트로 등장했습니다. 화상 피해자는 방송에 등장하는 일이 거의 없지만 윈프리는 과감히 그녀를 게스트로 초청했습니다. 극심한 고충을 들은 시청자들은 화상 피해자에 대한 부정적인 고정관념과 꺼리는 마음을 버릴 수 있게 되었습니다. 또 사고를 일으킨 남성의 어머니가 출연해 피해자에게 진심 어린 사과를 해서 시청자들에게 감동을 주기도 했습니다.

2004년 9월에 윈프리는 방청객들에게 자동차를 나눠 주는 이벤트로 시청자들의 큰 감동을 자아냈습니다. 이벤트는 한 남성의 편지에서 시작되었습니다. 가난한 영업사원이던 그는 중요한 바이어를 만나기 위해 고물차를 몰고 길을 나섰습니다. 이번 계약만 성사되면 승진할 좋은 기회였는데 하필이면 그때 자동차가 고장 났습니다. 결국 시간에 맞춰 약속 장소에 나가지 못해 계약 체결에 실패하자 그는 회사에서 쫓겨나고 말았습니다.

사연을 알게 된 윈프리는 차가 없어 고통을 당한 11명을 게스트로 초청해 그들의 고충에 귀를 기울였습니다. 방송이 끝날 무렵 윈프리는 11명의 게스트에게 2만 8천 달러짜리 중형승용차의 열쇠를 건네주는 장면을 연출했습니다. 이날 방청객으로는 이라크전에 참전했던 남편이 무사히 돌아온 후 아기를 갖게 된 276명의 예비 엄마들이 나

자동차 열쇠를 받고 기뻐하는 사람들

와 있었습니다. 이들 역시 부유하지 못하기는 마찬가지였습니다.

윈프리는 방청객을 위해 12번째 승용차가 준비되어 있다고 말하고는 방청객 모두에게 작은 상자를 하나씩 나눠 주었습니다. 276명의 여성 방청객들은 한 명만 행운의 주인공이 되리라는 생각에 큰 기대 없이 상자를 열었습니다. 그런데 276개의 상자 모두에 승용차 키가 있었으며 이를 확인한 방청객들은 기쁨을 감추지 못해 소리를 지르고 울음을 터뜨렸습니다. 순식간에 스튜디오는 환희의 물결로 넘쳐났고 이를 지켜보던 시청자들도 흥분을 감추지 못했습니다.

방청객 모두에게 승용차를 선물로 주기 위해 윈프리는 미국 자동차 회사인 GM제너럴모터스에 도움을 요청했습니다. GM은 회사의 광고를 위해 좋은 기회라고 생각해 최신형 승용차를 기꺼이 기부했습니다. 기부한 차량의 가격은 800만 달러에 육박할 정도로 큰돈이었지만 이를 통해 회사의 이미지를 크게 높일 수 있었습니다. 가난한 사람들을 위해 기꺼이 승용차를 기부하는 GM의 선한 이미지야말로 800만 달러보다 더 큰 돈을 들이고도 얻을 수 없기 때문입니다. 이와 같이 오프라 윈프리 쇼는 상상을 초월하는 이야기로 가득했으며 전세계 수많은 시청자를 텔레비전 앞으로 끌어모았습니다.

그러나 윈프리의 인생에도 위기가 없던 것은 아니었습니다. 토크쇼 초기 인기가 끝을 모르고 치솟을 무렵 그녀의 가족 중 한 명이 그동안 윈프리가 숨겨 왔던 어두운 과거를 언론에 폭로했습니다. 제보자의 말에 따르면 윈프리는 아홉 살 때 사촌 오빠에게 성폭행을 당했고 이후에도 어머니의 남자 친구와 친척들에게 성폭행을 당했습니다. 14살이 되던 해 원치 않은 임신을 하게 된 윈프리는 이혼한 아버지를 찾아갔는데 아버지로부터 위로의 말은커녕 저주에 가까운 말만 들었습니다. 그녀의 아버지는 "임신으로 가족에 치욕을 안기느니 차라리 죽어서 강물에 떠내려가는 게 낫겠다."라며 딸에게 악담을 퍼부었습니다.

결국 윈프리는 아기를 낳았지만, 엄마가 된 지 2주 만에 아기가 죽는 비극을 겪었습니다. 큰 충격을 받은 윈프리는 마약에 손을 대 마약중독자가 되기도 했습니다. 감추고 싶었던 불우한 어린 시절이 세상에 낱낱이 공개되자 윈프리는 자신의 방송에서 모든 사실을 솔직히 털어놓았습니다. 방송을 본 시청자들은 윈프리에게 손가락질하기는커녕 위로와 격려를 보냈습니다.

약자와 옳은 일을 위해 앞장서는 여왕

오프라 윈프리는 자신의 이름을 내건 쇼로 큰 성공을 거두면서 돈방석에 앉았습니다. 그녀가 등장하기 이전까지 방송계를 장악하고 있던 이들은 백인이었으며 그것도 예쁘고 날씬한 미인들이었습니다. 이에 반해 윈프리는 흑인에다가 외모도 그다지 예쁘다는 평을 받지 못했지만 그녀만의 매력으로 정상에 우뚝 섰습니다.

윈프리를 위대한 인물로 만든 것은 토크쇼뿐만 아니라 아름다운 자선활동이었습니다. 흑인 여성 중 가장 큰 부자가 된 그녀의 재산은 무려 28억 달러입니다. 억만장자가 된 윈프리는 매년 수천만 달러의 기부금을 내놓으며 여성 최고의 기부왕으로 등극했습니다. 그녀가 특별히 관심을 가진 대상은 무시당하는 흑인 여성들이었습니다.

2013년 윈프리가 스위스의 취리히Zurich의 명품매장에서 마음에 드는 가방을 발견해 백인 여성 종업원에게 보여 달라고 한 적이 있었습니다. 종업원은 '여기는 당신이 드나들기에 는 적합하지 않은 가게'라며 그녀를 문전박대했습니다. 윈프리가 흑인 여성이었기 때문에 겪은 인종차별이었습니다.

윈프리는 배우지 못한 흑인 여성일수록 무시당하기 쉽다고 생각해 공부에 뜻이 있는 흑인 여학생을 돕는 일에 돈을 아끼지 않았습니다.

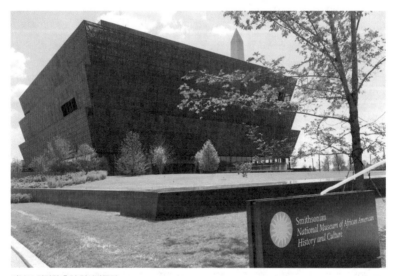

기부로 건립된 흑인 역사박물관

2007년 남아프리카공화국에 여학교를 짓는 일에는 무려 4,000만 달러를 내놓아 남아공 사람들을 깜짝 놀라게 했습니다.

또 흑인의 정체성을 회복하는 일에도 앞장섰습니다. 남북전쟁이 끝난 지 50년 후인 1915년, 노예해방을 위해 목숨 바쳐 싸웠던 흑인 참전 용사들이 백악관 앞에 모였습니다. 그들은 연방정부 차원에서 흑인 역사박물관을 만들어 달라는 요청을 했습니다. 노예해방이 된 지 반세기가 흘렀지만, 흑인들은 여전히 차별에 시달리고 있었습니다. 그동안 흑인이 미국 역사에서 이바지한 것을 전혀 인정받지 못하고 있었기 때문에 그들은 흑인 역사박물관 건립을 통해 명예를 회복하고자 했습니다.

하지만 백인 일색이었던 워싱턴 정가에서 흑인의 소리를 귀담아 들어주는 사람은 없었지요. 미국 최초의 흑인 대통령이었던 버락 오바마는 연방정부 차원에서 흑인 역사박물관을 짓기 위해 노력했지만 정치권의 호응을 얻는 데 실패하고 말았습니다.

흑인 역사박물관 건립이 좌초 위기에 있을 때 윈프리가 앞장서 1,200만 달러의 기부금을 내놓았습니다. 그러자

농구선수 마이클 조던과 흑인 대통령 버락 오바마

프로농구선수 마이클 조던을 비롯한 성공한 흑인들이 기부금 대열에 동참해 순식간에 흑인 역사박물관을 건립할 만한 돈을 모았습니다. 2016년, 드디어 수도 워싱턴 D.C.에 웅장한 흑인 역사박물관이 그 위용을 드러냈습니다. 박물관에는 노예 시절부터 현재까지 흑인들의 발자취가 전시되었습니다.

스포츠나 연예계를 중심으로 성공한 흑인이 적지 않았지만, 이들은 남을 위해 기부하는 데 매우 인색해 좋은 평가를 받지 못했습니다. 하지만 윈프리는 사회적 약자와 옳은 일을 위해 아낌없이 주는 나무가 되었습니다. 그리고 이는 그녀를 존경받는 흑인 여성으로 만들었습니다.

기부에 관한 정부와 민간인의 태도 차이

미국인은 기부에 매우 열정적입니다. 국민 대부분이 많든 적든 기부를 하며, 슈퍼리치가 세운 재단은 오랜 세월 동안 체계적이고 지속적인 자선활동을 벌이고 있습니다. 미국인들은 기부나 봉사를 하지 않으면 이상한 사람으로 여길 정도로 선행이 일반화되어 있으며 기부는 인간으로서 지켜야 할 기본적인 도리라고 생각하고 있습니다.

20세기 초 록펠러나 카네기 같은 산업자본가들로부터 시작된 슈퍼리치의 거액 기부는 1990년대 금융 산업의 번성과 함께 워런 버핏이나 조지 소로스 같은 금융 자본가들로 이어졌습니다. 워런 버핏은 전 재산을 사회에 환원한 후 "살아오면서 즐거웠던 기억만 남기고

억만장자들의
기부활동을 주도한
페이스북 창업자
마크 저커버그

나머지 모든 것을 사회에 돌려줘야 합니다."라고 말했습니다. 그리고 기부에 적극적으로 동참해 줄 것을 호소했습니다.

21세기 들어서는 지식정보산업으로 큰돈을 번 사람들이 등장하면서 마이크로소프트의 빌 게이츠, 애플의 팀 쿡, 페이스북의 마크 저커버그 같은 억만장자들이 통 큰 기부 활동을 주도했습니다. 저커버그는 "우리는 다음 세대가 더 나은 세상에서 살아갈 수 있도록 할 의무가 있습니다."라고 말하며 전 재산을 사회에 환원하기로 약속했습니다.

미국에서 선행은 일자리 창출에도 큰 역할을 하고 있습니다. 민간 산업 종사자 중 10% 넘는 사람들이 나눔이나 봉사 관련 일자리를 가지고 있는데, 선행에 관련된 일자리를 가진 사람들은 다른 직종에 비해 만족도도 매우 높습니다.

미국인들은 자신이 관심 있는 분야에 지속적으로 기부를 합니다. 미국에는 '죽기 직전에 하는 기부가 최악'이라는 말이 있습니다. 만약 죽기 직전에 전 재산을 특정한 단체에 기부할 경우 자신이 낸 돈이 뜻대로 잘 쓰이고 있는지 확인할 방법이 전혀 없기 때문입니다. 그래서 살아생전 하는 꾸준한 기부에 가치를 부여합니다. 이에 미국인들은 일생 꾸준히 기부하면서 기부금이 잘 쓰이는지를 꼼꼼히 점검합니다.

해마다 거두어지는 기부금액이 3,500억 달러가 넘을 정도로 미국에는 선한 사람도 많고 착한 자본가도 많습니다. 하지만 정작 정부는 사회적 약자를 돕는 일에 열정이 별로 없습니다.

UN국제연합은 빈곤 문제를 해결하기 위해 회원국들에게 국민총소득의 0.7% 이상을 ODA공적개발원조 * 자금으로 내놓아 가난한 나라를 돕도록 권고합니다. 하지만 이를 한 번도 지킨 적이 없는 미국은 국민총소득의 0.1%만을 원조하는 수준에서 맴돕니다. 게다가 2017년 트럼프 행정부가 들어선 이후에는 '미국 우선주의'를 외치며 ODA 금액부터 대폭 줄였습니다. 이처럼 미국은 선행에 열성적인 국민과 선행에 무관심한 정부가 공존하고 있습니다.

---

* 선진국에서 개발도상국에 지원하는 금전적, 기술적 원조.

★

아무 대가 없이
행복하기 위해 하는 기부

미국은 세계에서 기부가 가장 활성화된 나라이다. 기부는 부자만의 전유물이 아니어서 전체 기부금액 중 70% 이상은 중산층과 서민이 낸 돈이다. 또 미국의 자선단체는 사람들이 낸 기부금을 투명하게 관리하기로 정평이 나 있다. 거액의 기부금을 낸 사람은 국민으로부터 존경받기 때문에 명예를 얻고자 하는 부자들은 기부 행렬에 동참한다.

기부를 생활화할 수 있도록 학교와 가정에서도 학생들에게 끊임없이 가르친다. 학교 차원에서도 기부금 모금 행사를 수시로 연다. 학교 근처의 햄버거 가게를 하루 동안 빌려 교사와 학부모가 만든 햄버거를 행사장에 온 사람들에게 판매한다. 학교 측은 자선행사를 학부모에게 미리 공문으로 발송하고 학부모들은 최대한 행사에 참여하고자 노력하며 여기서 생긴 수익은 가난한 사람들에게 전달된다. 자선행사는 일회성 이벤트가 아니라 다양한 명목으로 자주 열리기 때문에 학생들은 자연스럽게 미국식 기부 문화를 체득할 수 있다.

기부 문화는 사회적 약자에게 성공의 사다리 역할도 하고 있다. 미국 서부의 명문대학 스탠퍼드 대학교는 똑똑한 학생들이 돈 때문에 공부하지 못 하는 일이 생기지 않도록 가난한 학생에게는 등록금을 받지 않을

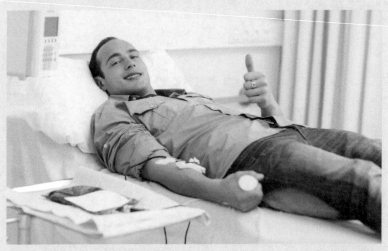
대가 없이 헌혈하는 사람

뿐더러 책값과 생활비까지 지원한다. 이 비용은 모두 기부금에서 충당하고 있는데, 스탠퍼드 대학은 장학금을 주고도 남을 정도로 해마다 많은 돈이 모인다.

미국 사회에서 기부하면 명예를 얻을 수 있지만 그렇다고 모든 미국인이 명예를 얻기 위해 기부를 하는 것은 아니다. 오히려 기부자 대부분은 스스로 행복해지기 위해 부지런히 기부한다.

오래전 미국에서 헌혈자의 피를 돈 주고 사는 제도가 시행된 적이 있었다. 그동안 의학 분야는 눈부신 발전을 거듭해 왔지만 인간의 피를 대체할 물질을 개발하지는 못했다. 혈액은 수혈을 통해서만 얻을 수 있기에 인간이 타인에게 주는 가장 소중한 선물이다.

대부분의 국가에서는 정부 차원에서 혈액을 관리한다. 헌혈자에게는 기껏해야 우유나 빵 등 먹을거리를 주거나 감사의 뜻으로 기념품을 준다. 이는 피의 대가가 아니라 감사함을 표시하는 방법에 불과하다. 그런데 1950~60년대 미국 정부 대신 민간 회사가 혈액 관리를 담당하며 헌혈한 사람들에게 대가를 주기 시작했다. 회사는 대가를 지급하면 더 많은 사람이 돈을 벌기 위해 혈액을 팔 것으로 생각했지만 결과는 반대였다. 그동안 남을 도우려는 순수한 마음에서 헌혈하던 사람들은 돈을 주자 매혈로 간주해 더는 헌혈에 동참하지 않았다. 오히려 헌혈에 관심조차 없던 마약중독자나 알코올 중독자가 돈을 벌기 위해 매혈에 앞장섰다. 이들의 혈액은 온갖 질병에 오염되어 있을 뿐 아니라 상태도 좋지 않았으므로 폐기 처분되어 한때 혈액 부족 사태에 직면했다. 기부 행위에 가격표를 붙이는 순간 기부가 아니라 거래이기 때문에 미국인들은 혈액 부족 사태를 통해 기부의 가치를 돈으로 평가해서는 안 된다는 교훈을 얻었다.

세계를 통찰하는 지식과 교양 **〈세계통찰〉** 시리즈

미국

세계통찰 미국 ⑦

세계의 중심이 된 미국 1
미국의 문화
미국을 이해하기 위한 다양한 문화 키워드

2021년 1월 1일 1판 1쇄 발행

지은이	한솔교육연구모임
펴낸이	권미화
편집	최세라
디자인	김규림
마케팅	조민호
펴낸곳	솔과나무
출판등록	2018년 12월 20일 제2018
주소	서울시 마포구 독막로 266, 111-901
팩스	02-6442-8473
블로그	http://blog.naver.com/solandnamu
트위터	@solandnamu
메일	hsol0109@gmail.com

ISBN	979-11-90953-05-4 44300
	979-11-967534-0-5 (세트)